JN192646

親鸞聖人の生涯

梯　實圓

法藏館

親鸞聖人の生涯　目次

よき人との出遇い

承元の念仏弾圧

非僧非俗として

晩年の親鸞聖人

よき人との出遇い

誕生、出家・得度

日野有範の子として誕生

親鸞聖人は承安三年（一一七三）に誕生されました。幼名はわかりません。

聖人がこの年にお生まれになったことは、ご自身の記録で確認できます。聖人は晩年、たくさんの書物を著したり書写をされていますが、その最後に、「康元二年三月二日これを書写す。愚禿親鸞八十五歳」とか「正嘉二歳戊午六月二十八日これを書く。愚禿親鸞八十六歳」というように、書写の年月日と年齢を記されています。それを逆算すると、すべて誕生の年は承安三年であったことを示しているからです。ただし、お生まれになった月日はわかりません。聖人の誕生日が四月一日（新暦五月二十一日）といわれるようになったのは江戸時代になってからのことです。

父は皇太后宮権大進・日野有範という人でした。母は清和源氏の流れをくむ女性であったといわれていますが定かではありません。日野家は、藤原氏（北家）に属する中流の貴族で、有範の長兄の範綱は、若狭守となり、従三位にまで昇っていますし、次兄の宗業も、文章博士になり、位も従三位になっています。しかし父の有範は、皇太后宮権大進という低い官職のままで、京都の郊外の三室戸に隠遁し、三室戸の大進入道と呼ばれていますから、何か深い事情があって、若くして宮廷を引退したものと考えられます。

有範の生没年はわかりませんが、三男の兼有律師が、父の中陰中に亡父を偲んで、『仏説無量寿経』を書写していたことが、親鸞聖人の五代の孫であり、覚如上人の長男である存覚上人(一二九〇～一三七三)が書写された『無量寿経』の識語に記されていますから、相当後まで生存されていたと思われます。なお聖人の誕生地は京都市伏見区の日野の里であったといわれています。そこは日野氏の伝領の地で、日野氏の氏寺である法界寺があり、そこには永承六年(一〇五一)に建立された阿弥陀堂が現存しており、定朝様式の丈六の阿弥陀仏像(国宝)が安置されていて、幼年時代の聖人の念持仏であったと伝えられています。ただし聖人がこの地でお生

日野の法界寺(京都市伏見区)

まれになったという確証はありません。

本願寺第八代・蓮如上人の十男である実悟上人の『日野一流系図』によると、聖人は五人兄弟の長男であったといいます。聖人のすぐ下には尋有（権少僧都・比叡山東塔の善法院の院主）がおり、聖人は最晩年、京都市三条富小路にあった尋有の里坊の善法坊に寄寓されますが、そこが聖人の終焉の地となりました。その次に兼有（権律師・聖護院の僧）がおり、父の三室戸の庵室を相続しています。その下に有意（阿闍梨・法眼）、行兼（権律師・聖護院の僧）がいたことになっています。もっとも高田本山専修寺所蔵の『日野氏系図』によれば、聖人の兄弟は行兼を除く四名になっています。

それにしても、父の有範が隠遁して入道となったばかりか、子供たちをすべて出家させているということは、有範の身にただならぬ事が起こっていたのではないかと推測せざるをえません。

九歳で出家・得度

養和元年（一一八一・治承五年）の春、聖人は伯父の範綱に付き添われて、後に青蓮院門跡となる慈円慈鎮和尚（一一五五〜一二二五）について得度式を受け、出家されました。数え年九歳のことでした。

聖人がなぜ九歳で出家しなければならなかったのかという事情は一切わかりません。しかし、その前年の治承四年（一一八〇）に、源三位頼政が後白河法皇の第二王子の以仁王を盟主に仰いで、平家追討の兵を挙げたことと関わりがあるのではないかといわれています。頼政軍は圧倒的な平家の軍によって攻め破られ、頼政は宇治の平等院の庭先で自害し、以仁王も敗死しています。その以仁王の首実検に、王の学問の師であった聖人の伯父の宗業が召し出された話は有名です。しかし、この戦いと有範一家とを積極的に結びつける確かな資料はありませんから、ありえない話ではないとしても、有範一家の没落の原因となったと言い切ることはためらわれます。

ともあれ、出家する九歳の聖人に付き添っていたのは父ではなく、伯父の日野範綱でした。父には付き添ってやることのできない事情があったからでしょう。『親鸞伝絵』には、範綱は聖人の養父となっていますが、猶父だったでしょう。猶父、猶子というのは、古くは伯父、甥の関係を表していましたが、後には一般的に養育の有無や、財産相続に関係なく、擬制的に親子の関係を結んだもので、宮廷に仕えて位階を昇るときの便宜や、一族の結束を固める目的で行われることが多かったといわれています。とくに摂関家の出身者である慈円に得度の師になってもらうためには、そのとき従四位上・前若狭守であった伯父が父親代わりになり、「我が子」として得度式を受けさせる必要があったのでしょう。

得度の師となった、慈円は、摂政関白であった藤原忠通の息男であり、後に関白となる藤原兼実の弟で、このときは二十七歳で、しかも養和元年の春には道快と名乗っており、まだ慈円とは称していませんでした。一般に親鸞聖人は、京都の粟田口の青蓮院で、慈円僧正について得度式を受けられたといわれていますが、そのころはまだ青蓮院は比叡山上にあり、粟田口にはありませんでした。しかも治承二年から養和元年十一月までは、道快（慈円）の師であり、天台座主であった覚快法親王が青蓮院に住んでおられたことがわかっています。道快（慈円）は、治承二年、二十四歳のときに、師の覚快から、法性寺の座主を譲られますが、平素はさきに師から譲られていた白川房に住んでいたようです。白川房は今の粟田口の青蓮院の近くにあったといわれています。ところで覚快法親王は、養和元年十一月六日に入寂されますが、そのころ道快は法印に叙せられ、名を慈円慈鎮と改めています。

　ですから聖人が養和元年の春に、道快（慈円）にしたがって剃髪・得度の式を受けられたのが事実であれば、その場所は白川房であったでしょう。こうして得度式を受けて出家されたときから聖人は、「範宴少納言公」と名乗るようになったといわれています。範宴は父の有範の一字を取って付けられた法名であり、「少納言公」とは「きみな（公名・君名）」といわれるものです。公名とは、平安時代以来、貴族の子弟が出家したときに用いた通称名で、もとは父親の官職の名を用いたようですが、後には必ずしもそうではなかったようです。範宴の場合もなぜ少納言公なのかよくわかっていません。ともあれ、このときから、聖人は天台宗の僧侶として仏道を歩む身となられたのです。

　なおこの年から明くる年にかけて、とくに西日本では、大凶作が襲い、無数の餓死者を出したことは、鴨長明の『方丈記』に記されているとおりでした。そうしたなかでこの年の閏二月には、平清盛（一一一八～一一八一）が死去し、さしもの権勢を誇った平家にも没落の兆が現れてきたのでした。

比叡山での学問修行①

比叡山に登る

範宴少納言公と名乗って、仏門に入られた親鸞聖人は、やがて比叡山に登り、天台宗の学僧としての道を歩むことになります。

比叡山には、開祖伝教大師最澄（七六七～八二二）が定めた『山家学生式』（八条式）に則って十二年間山に籠もって学問と修行に専念する籠山の制度がありました。はじめの六年間は聞慧（学問）を主とし、後の六年は思慧（深い思索）と修慧（修行）を学ぶことによって、智慧も実践力もある僧侶を養成しようとされたのでした。籠山比丘（修行者）は、止観業（天台宗の修行）を学ぶものと、遮那業（密教）を学ぶものとに分かれていましたが、なかでも止観業は、天台大師が『摩訶止観』のなかで天台宗の成仏道として制定されていた常坐三昧、常行三昧、半行半坐三昧、非行非坐三昧という四種三昧の修行が義務づけられていました。

こうして育てられた優れた智慧と実行力のある人を国宝と呼び、智慧は優れているが実行力が劣っているものは国師といい、優れた実行力はあるが智慧が劣っている人を国用と名づけ、それぞれ適材が適所にあって、人々を導き、利益を施していくことのできる菩薩僧を養成しようとしたのでした。

親鸞聖人が学ばれたころの比叡山は、伝教大師の時代に比べれば俗化していたといわれますが、そんななかでも心ある修行者は、命がけの修行に励んでおり、奈良の興福寺と並んで、天下の秀才を集めた日本最高の総合大学であったことはまちがいありません。後に『教行証文類』をはじめ、多くのすぐれた著作を残された聖人の学者としての才能が、比叡山で過ごした二十年間の少、青年期に磨き上げられたものであることは明らかです。また後に述べるように百日と日を限って六角堂に参籠したり、吉水の草庵へ通ったりする行動様式は、明らかに修行僧のそれでした。比叡山での二十年間は、聖人の生涯の基礎を作ったものに違いありません。親鸞聖人のひ孫にあたる覚如上人（一二七〇～一三五一）が著された『御伝鈔』には、

比叡山横川の中堂

> それよりこのかた、しばしば南岳・天台の玄風を訪ひて、ひろく三観仏乗の理を達し、とこしなへに楞厳横川の余流を湛へて、ふかく四教円融の義にあきらかなり。

といわれています。ここに「南岳・天台の玄風」とは、南岳の慧思禅師（五一五～五七七）と、その弟子で天台宗を大成された天台山の智者大師智顗（五三八～五九七）を指しており、天台宗を学ばれたことをいわれています。「三観仏乗の理」とは、天台教学をいいます。それは真如実相の三つの契機である空諦、仮諦、中諦という三諦が円融無碍であるという道理をさとることを意味していました。その智慧を一心三観といい、それが一切衆生の唯一の成仏法であるというので仏乗というわけです。要するに天台教学を実践されたということです。つぎの「四教円融の義」というのも天台宗の教判論のことで、とくに化法の四教のなか円融無碍の道理を説く天台円教を深く学ばれたということをあらわしています。

ただここに「楞厳横川」というのは、叡山三塔（東塔・西塔・横川）のなかの横川の中心寺院である首楞厳院のことですから、もしこの言葉が事実を表していたとすれば、親鸞聖人は、比叡山では横川を本拠として学業を積まれたことになります。横川は、比叡山の東北に位置し、三塔のなかではもっとも奥まった場所であったせいもあって、一番俗化を免れていた地域でした。しかも、横川には「首楞厳院の沙門」と自ら名乗られていた源信僧都（九四二～一〇一七）が隠棲された恵心院があり、比叡山浄土教の中心地でもありました。その意味で、「楞厳横川の余流を湛へて」という言葉には、横川の源信僧都の浄土教の伝統を学んだという含みもあったといえましょう。

比叡山時代の修学

親鸞聖人の比叡山時代の学業の系譜を正確にたどることはできませんが、聖人の主著『教行証文類』をはじめ、多くの著作には、いずれも天台の教義と実践を知り尽くした上で、しかもそれを超える形で教義体系が樹立されていますから、比叡山時代の修学をかいま見ることができます。例えば本願の行信を表すのに「大行あり、また大信あり」といわれていますが、それは『摩訶止観』に、円頓止観の行である四種三昧と菩提心のことを「大心を発こし、大行を修す」といわれているのに対して、本願の行信を大行、大信と呼び、それが円頓止観を超える最高の仏道であることを知らそうとされていたのでしょう。また「行文類」の一乗海釈が、天台の教判論を超えようとするものであることは明らかです。

あるいは聖人の著作のなかにしばしば出てくる字訓釈や転声釈、あるいは独自の信心論をはじめ、久遠実成阿弥陀仏論や、往生即成仏という証果論などの展開の根底には、「義に依りて語に依らず」という大乗仏教の根本精神が躍動していますが、そればかりではなく日本天台の本覚法門の影響が色濃く見られます。しかし聖人の浄土教義は、本覚法門そのものを見事に克服することによって完成したといえる一面を持っています。そのことは聖人の教義を明かすときに詳しく述べますが、そのように本覚法門の呪縛を超えることができたということは、比叡山時代に本覚法門を学び尽くし、その問題点を的確に把握されていたからに違いありません。その意味で比叡山時代の学問と修行は、聖人の思想形成に重大な意味を持っていたことがわかります。

ただ比叡山を去られる二十九歳の時点では、聖人は常行三昧堂の堂僧を勤めておられたことが、『恵信尼消息』によってわかります。そこには、

この文ぞ、殿の比叡の山に堂僧つとめておはしましけるが、山を出でて、六角堂に百日籠らせたまひて、後世のこといのりまうさせたまひける九十五日のあか月の御示現の文なり。御覧候へとて書きしるしてまゐらせ候ふ。

といわれています。これは聖人の内室（妻）の恵信尼公が末娘の覚信尼（王御前）に、聖人が六角堂に百日間参籠し、その九十五日目の暁、聖徳太子の示現に遇われたときの夢告の文を別紙にしたためて送ったことを知らせる追伸の文書です。六角堂参籠については以後に詳しく述べますが、この文によって六角堂参籠のころ、聖人は、比叡山で堂僧を勤められていたことがわかったのです。もっとも堂僧とは、比叡山の諸堂に勤めている修行僧のことで、例えば法華三昧堂に勤めているならば法華三昧堂の堂僧ということになります。しかしそのころは、常行三昧堂の堂僧のことを、単に「堂僧」と呼ぶ風習がありましたから、『恵信尼消息』に、何堂といわずにただ「堂僧」とだけいわれているのは、当時の常識にしたがって常行三昧堂の堂僧を指していたと見るべきであるといわれています。

比叡山での学問修行②

常行三昧について

比叡山時代の親鸞聖人が常行三昧堂（常行堂）の堂僧を勤められていたことはわかりましたが、それがどこの常行堂であったかは正確にはわかりません。というのは、現在、常行堂は西塔にあるだけですが、親鸞聖人のころは、東塔にも西塔にも横川にもそれぞれ常行堂があったからです。しかし前に述べたように聖人の修行の本拠が横川であったとすれば、おそらく横川の常行堂であったでしょう。

常行堂は常行三昧という修行を行う道場です。常行三昧とは、『般舟三昧経』に説かれた般舟三昧と呼ばれる行法でした。諸仏現前三昧とか、仏立三昧とも訳されているように、この修行が完成すると、十方の世界にましまます無数の仏陀たちが、暗夜に星がきらめくように目の前に立ち現れてくださるといいます。その修行の模様が、称名をしながら昼夜を問わず一定の期間、お堂のなかを歩き続けるから「常行（常に歩き続ける）」三昧といわれています。

この行法を天台大師智顗（五三八～五九七）が、天台宗の修行法として『摩訶止観』のなかに取り入れ、常坐三昧、半行半坐三昧、非行非坐三昧とならべて四種三昧と呼び、日本天台の開祖伝教大師最澄も、この四種三昧を天台宗の修行の中心として勧められたことは前に述べたとおりです。

常行堂の中央の須弥壇には阿弥陀仏像が奉安されています。修行中は蔀戸をおろして真っ暗な堂内を太い一本の蠟燭の明かりだけが照らしていて、昼も夜もないようにしてあります。行者は九十日間この堂に籠もり、食事のときと便所に行くときと、風呂にはいるとき以外は、本尊の周りを右回りに歩き続け、止まることは許されません。口にはただ南無阿弥陀仏と称えるばかりで、お経さえも読むことはありません。心はつねに阿弥陀仏を念じ続けます。『摩訶止観』には「歩歩声声念念ただ阿弥陀仏にあり」といわれています。

中国・五台山の竹林寺全景

こうした九十日にわたる不眠不休の言語に絶する厳しい修行を続けているうちに、行者の身も心も浄化されると、十方の如来が眼前に現れてきて、行者に成仏の預言をされます。そのとき行者は、この如来たちは、実は自分の心の現れであって、実体のない（空）、仮現（仮）の如来であるが、このように空であり、仮であるようなありようこそ万物のあるがままの真実の姿、すなわち中道実相（中）であると悟るべきであるといわれています。こうして天台大師が説かれた常行三昧は、私の本性は仏と同じであり、空・仮・中の三諦円融しているような在り方をしているということを悟って、真理を確認していく、典型的な自力聖道門の修行だったのです。

山の念仏（不断念仏）

常行三昧の修行に大きな転換を与えたのは、伝教大師の弟子の慈覚大師円仁（七九四～八六四）でした。慈覚大師は承和五年（八三八）に還学生として入唐しますが、山西省の五台山竹林寺を尋ねたとき、そこに伝わっていた法照禅師（七四〇ごろ～八〇五ごろ）が創唱した五会念仏の行法を伝授されて慈覚大師が亡くなられた翌年の貞観七年八月十一日から七日間、その遺言によって弟子たちが五会念仏による常行三昧を実習し、それが後世まで続いたのでした。

五会念仏を創めた法照禅師は、南岳（湖北省）の承遠禅師（七一二～八〇二）の弟子で、天台浄土教や禅を学んだ人でしたが、とくに善導大師（六一三～六八一）の影響を強く受けた熱心な浄土願生者でしたので、人々は善導大師の再来であると仰ぎ「後善導」と讃えたといいます。彼は南岳弥陀台の道場で、毎年夏になると九十日にわたる般舟三昧（常行三昧）の修行をしていましたが、その修行中に目の当たりに阿弥陀如来を拝見し、浄土の水・鳥・樹林や菩薩たちがかなでる妙なる楽音を感得したといいます。それを楽譜にうつしたのが五会念仏ですから、その念仏は独特の旋律を持った音楽的な要素の強いものでした。唐の大歴元年（七六六）のことでしたから、慈覚大師が五台山を尋ねる七十四年前のことになります。

『摩訶止観』に説かれている常行三昧と、この五会念仏とを比べてみると、どちらも歩きながら称名することは共通していますが、本来の常行三昧は、此土で悟りを開くことを目的としている行であって、浄土往生を目指す行ではありませんでした。しかし五会念仏は、罪障を懺悔し身心を浄化することによって見仏することも重視しますが、最終的には浄土に往生することを目的とする、浄土教的な色合いの強い行でした。

また常行三昧が九十日間、一人で行う難行であるのに対して、比叡山の念仏は、毎年八月十一日から十七日にかけて七日間、それも幾人かで行う年中行事的な法会になっていきました。また常行三昧は念仏以外は称えないし、その念仏も音楽的な旋律を伴いませんが、比叡山の念仏は念仏そのものに緩急、高低のある独特の節がついており、「不断念仏」と呼ばれていました。不断念仏というのは一定の期間を限って昼夜の別なく念仏を相続するからです。また念仏だけではなく、「引声阿弥陀経」と呼ばれる独特の曲調（ふし）を付けた『阿弥陀経』（唐音）の読誦が行われましたし、法照禅師の『五会法事讃』に収録されているさまざまな讃文が唱えられることもありました。

慈覚大師が亡くなった後、相応和尚（八三一～九一八）をはじめとする弟子たちによって承け継がれ、平安時代の中期には『三宝絵詞』下に、

仲秋の風すずしき時中旬の月明なるほど、十一日の暁より、十七日の夜にいたるまで、不断に令行なり。身は常に仏を廻る。身の罪ことごとくうせぬらむ。口には常に経を唱ふ。口のとが皆きえぬらむ。心は常に仏を念ず。心のあやまちすべてつきぬらむ。

と伝えているように、「不断念仏」とか「山の念仏」として、僧侶だけではなく貴族たちに広く親しまれ尊ばれていたのでした。平安時代の末期から鎌倉時代にかけて、不断念仏は『梁塵秘抄』の法門歌に、

山寺行ふ聖こそ、あわれに尊きものはあれ、
行道引声阿弥陀経暁懺法釈迦牟尼仏

とうたわれています。「行道引声阿弥陀経」とは、常行三昧堂の不断念仏を読んだもので、すでに庶民に親しまれるまでに普及していたことがわかります。日本の浄土教の母胎となったのはこの比叡山の常行三昧堂の不断念仏であったわけで、親鸞聖人がこの常行堂の堂僧であったということは極めて重大な意味を持っているのです。

六角堂参籠

比叡山での焦燥の日々

範宴（親鸞聖人）は、常行三昧堂の堂僧として、厳しく戒律を持ち、たえず罪障を懺悔しながら、ひたすら南無阿弥陀仏と称え続けていました。阿弥陀仏を目の当たりに拝見して、浄土往生を確実にするためでした。しかし、いくら押さえようとしても煩悩の火は消えるどころか全身に燃えあがって行くのをどうしようもありませんでした。定められたとおりの修行を積み重ねても、妄念煩悩に満ちた自我の殻を破ることはできず、生と死を一望の下に見通すことのできるようなすがすがしい境地に到達することは到底できなかったのです。そのころの範宴の心境を存覚上人は親鸞聖人のお徳を讃えられた『嘆徳文』のなかに、

定水を凝らすといへども識浪しきりに動き、心月を観ずといへども妄雲なほ覆ふ。しかるに一息追がざれば千載に長く往く、なんぞ浮生の交衆を貪りて、いたづらに仮名の修学に疲れん。すべからく勢利を抛ちてただちに出離を悕ふべし。

といわれています。「風が止み、波がおさまり、鏡のように静まりかえった池の面には周囲の景色

が歴然と映る。妄念がおさまった心水には、秋の空に爽やかな月を見るように如来は姿を現されると経典には説かれている。しかし実際に修行をしてみれば、心は愛欲や名利の煩悩にかき乱されて片時も静まることはなく、妄念の黒雲に覆われた心は清らかな如来を拝見するすべもない。流れに浮かぶ泡沫のようなはかない浮生の身は、いつ死に飲み込まれてしまうかしれないが、〈いのち〉の行方は「浄土」と見定められていなければ、空しく悪道に堕ちていかねばならない。それも出る息が入るを待たずに終わるかもしれないのである。それを忘れて浮き世の交わりにうつつを抜かし、僧位・僧官といったこの世の名声を獲得するための学問に精魂をすり減らすような愚かな生き方をして一体何になるというのだ。世俗の願望を投げ捨てて、煩悩にまみれた愚かな自分が本当に生死を超えていくことのできる道を見定めなければならない」。そう思われたというのです。

『嘆徳文』には、さらに言葉を継いで、

> しかれども機教相応、凡慮明らめがたく、すなはち近くは根本中堂の本尊に対し、遠くは枝末諸方の霊に詣でて、解脱の径路を祈り、真実の知識を求む。ことに歩みを六角の精舎に運びて、百日の懇念を底すところに、親り告げを五更の孤枕に得て、数行の感涙に咽ぶあひだ、幸ひに黒谷聖人（源空）吉水の禅室に臻りて、はじめて弥陀覚王浄土の秘扃に入りたまひしよりこのかた……

といわれています。「愚悪の凡夫にふさわしい救いの道は、凡夫の計らいで見極められるものではない。そこで近くは比叡山の根本中堂の本尊（薬師如来）に祈願を凝らし、遠くは各地の仏閣や霊場を巡拝してさとりへの道を指示してくれる善知識（師）を探し求めた。こうして最後に六角堂への百日参籠に至った」というのです。

六角堂参籠のきっかけはおそらく法然聖人の噂を聞かれたからでしょう。それは、もとは天台宗の学僧で、今は東山の吉水に草庵をかまえて、念仏一行の専修をすすめている法然房源空聖人（一一三三～一二一二）という方がいて、在家・出家を簡ばず、煩悩具足の凡夫の救われる道を説いておられるという噂でした。しかもその情報を、相当な正確さで聞かれていたようです。そうでなければ百日間の参籠というような厳しい行はできなかったでしょう。それを伝えたのは、同じ天台の学僧で、唱導師（説教師）として有名であった安居院の聖覚法印（一一六七～一二三五）であったといわれています。後の両者の交流から

上からみた六角堂（京都市中京区）

見てもありうることだと思われます。範宴が聞いた法然聖人の教えとは、「『大無量寿経』に依れば、阿弥陀仏は、法蔵菩薩という修行者であったとき、善人であれ悪人であれ、出家であれ在家であれ、苦しみ悩むすべてのものを救うて浄土へ迎え取ろうという大悲の誓願を起こされた。そして、誰でもが、いつでも、どこでも、ただ〈南無阿弥陀仏〉と称えるだけで、必ず浄土に往生ができるように称名一行を往生の行と選び定め、永劫の修行の末にその誓願を完成して阿弥陀仏と成られたと説かれている。それゆえ善人であれ、悪人であれ、この誓願をたのんで念仏するものは、一人もれなく浄土へ生まれさせていただくことができる」というものでした。

聖人・二十九歳の決断

しかしこのような法然聖人の教えに対する人々の評価は真二つに分れていました。その信奉者たちは、専修念仏の教えこそ真実の仏法であり、法然聖人は大勢至菩薩の化身であるとまで尊敬を奉げていましたが、従来の仏教の教えを守っている人々は、出家・在家の別を無視し、持戒・破戒を簡ばないというのは、仏道修行の基礎である戒律を破り、仏道を壊滅させる外道の教えであり、悪人の救いを強調して人倫を破壊する邪説であると激しく非難していました。範宴の得度の師であった慈円僧正をはじめ、先輩や、同門のほとんどは反法然派でした。しかし範宴は修行の行きづまりを感ずるにつれ、法然聖人の教説に強く引かれるものがありました。だがそれは魔説であるかもしれないのです。

法然聖人のもとへ行くべきか、それともこのまま比叡山に止まるべきか、範宴の迷いは深まるばかりでした。そのあいだにも老少不定のはかない「いのち」に、死すべきときは容赦なく迫ってきます。しかし死に耐えられる心境は開けず、「いのち」の行方は全くわかりません。焦燥の日々が続いたのでした。

こうして二十九歳を迎えたとき、ついに意を決して、聖徳太子（五七四〜六二二）に自分の歩むべき道を指示していただこうと、六角堂に百日の参籠を行う決心をされたのでした。聖徳太子は、日本に仏教を定着させようとした最初の方として「和国の教主」と崇められていました。また、古くから太子は観世音菩薩の化身であるという聖徳太子信仰が人々の心に深く浸透しており範宴もまた生涯そう信じて疑わなかったのです。京都の市中にあった六角堂（頂法寺）は聖徳太子が開かれた寺と信じられ、その本尊・救世観世音菩薩は聖徳太子の本地として人々の信仰を集めていました。そしてまた六角堂の観音様は、念仏の聖たちの間で、真剣な修行者には霊験を現わされるというので、篤く信仰されていたのでした。そのころ流行し、親しまれていた今様にも、

観音験を見する寺、清水、石山、長谷の御山、粉河、近江なる彦根山、間近く見ゆるは六角堂

（『梁塵秘抄』第三一三首）

とうたわれています。範宴が自身の歩むべき道を和国の教主聖徳太子に尋ねようとされたのは、道に迷ったときはまず原点に還って出直すのが最良であると考えられたからでしょう。

六角堂の夢告

二十九歳の転期

親鸞聖人（範宴）の六角堂参籠が九十五日目に及んだ明け方、聖徳太子の本地・観世音菩薩の示現にあずかることができました。そのときの状況を、恵信尼公はつぎのように手紙に書き残しています。

山を出でて、六角堂に百日籠らせたまひて後世をいのらせたまひけるに、九十五日のあか月、聖徳太子の文を結びて、示現にあづからせたまひて候ひければ、やがてそのあか月出でさせたまひて、後世のたすからんずる縁にあひまゐらせんとたづねまゐらせて、法然上人にあひまゐらせて、また六角堂に百日籠らせたまひて候ひけるやうに、また百か日、降るにも照るにも、いかなる大事にもまゐりてありしに、ただ後世のことは、よき人にもあしきにも、おなじやうに生死出づべき道をば、ただ一すぢに仰せられ候ひしを、うけたまはりさだめて候ひしかば、「上人のわたらせたまはんところには、人はいかにも申せ、たとひ悪道にわたらせたまふべしと申すとも、世々生々にも迷ひければこそありけめとまで思ひまゐらする身なれば」と、やうやうに人の申し候ひしときも仰せ候ひしなり。

親鸞聖人が弘長(こうちょう)二年十一月二十八日、九十歳でご往生された直後に、そのころ越後に住んでおられた恵信尼公のもとへ京都にいた末娘の覚信尼(かくしんに)から、ご往生の知らせが届きました。これはそれに対する返信の一部で、五十年以上も連れ添った妻として、親鸞聖人の生涯を貫く信心の原点を末娘に確かに伝えようとされたお手紙です。

「比叡の山を出て、六角堂に百日間お籠もりになって、後生の助かる道をお示しくださるようにと本尊観世音菩薩にお祈りになったところ、九十五日目の暁(あかつき)(午前四時ごろ)、夢に聖徳太子(観世音菩薩)が現れ、お作りになった御文(ごもん)をお示しいただかれました。それですぐにその暁にお堂を出られて、後生の助

観音菩薩が親鸞聖人の夢の中に(大阪市西光寺蔵『御絵伝』)

かる縁にあわせていただこうと、吉水の草庵をお訪ねになり、法然聖人にお遇いになりました。それから六角堂に百日お籠もりになったように、また百日の間、降る日も照る日もどんな支障があろうと欠かさずに法然聖人をお訪ねになりました。そのとき法然聖人は、後生のことは、善人であれ、悪人であれ同じように生死を離れることのできる本願念仏の道のあることを、ただひと筋に仰せくださいました。それを我が道と聞き定めましたので、『聖人の行かれるところならば、人はどのように申されようと、たとえ法然は悪道に堕ちるといわれようと、一緒に行こうとまで思っています。それというのも私は遠い過去の世から今まで迷い続けてきたもので、このままでは永劫迷い続けるしかない身ですから』と、さまざまに人が批判をしたときも仰せになりました」というのです。

これによって親鸞聖人の六角堂参籠は、法然聖人が「後世のたすかる縁」であるかどうかの指南を得るためだったことがわかります。得難い人身を得、遇い難い仏法に遇いながら、空しく迷妄の闇のなかをさまよい続けねばならない自分が口惜しい。そういう思いが、決死の参籠となったのです。そして六角堂の夢想を機縁として法然聖人に遇い阿弥陀仏の本願のみ言葉のなかに、はっきりと自分の生きる意味と方向を聞き定められたのでした。煩悩は燃え続けているが、人生の根源的な迷いは晴れた。それが親鸞聖人の二十九歳のときに訪れた最大の精神的転換だったのです。

法然聖人のもとへ

ところでその夢の告が何であったのかは定かではありません。恵信尼公は、この手紙のなかで、その「御示現の文」を別紙に書いて送るといわれていますが、残念ながら現在は失われて見ることができないからです。そこでその御文をめぐっては、「廟窟偈」の一部であろうという説と、覚如上人の『伝絵』（『御伝鈔』）の「六角堂夢想の段」にでてくる観音の夢告がそれであろうという説とに分かれています。しかし廟窟偈は磯長の御廟を阿弥陀仏信仰と結びつけ、御廟への参詣を勧めたものではありますが、親鸞聖人を法然聖人と結びつけるものにはなりにくいと思われます。

そこで古来多くの人は『伝絵』の「六角堂夢想の偈」であったとしています。ただし西本願寺本『伝絵』には、「建仁三年［癸亥］四月五日の夜寅のとき、上人（親鸞）夢想の告げましましき。かの『記』にいはく」と記されていて、「建仁三年（一二〇三）癸亥」親鸞聖人三十一歳のときの出来事になり、建仁元年（一二〇一）［辛酉］、聖人が二十九歳のときの事ではなくなります。しかし高田本や東本願寺本『伝絵』を見ると「建仁三年辛酉」となっていたのを後に干支を「癸亥」に変更されたものであることがわかります。実は干支はそのままにして年号の方を変えるべきだったのを間違えた可能性があります。また『伝絵』に「かの『記』にいはく」といわれた『記』とは、下野高田の真仏上人が書写された「親鸞夢記」を指しています。その伝承は親鸞聖人から直接聞き伝えたもので、そこには年号は記されていませんが、高田派では、「建仁元年辛酉」、聖人二十九歳のときのこととして伝承されてきています。

その「親鸞夢記」や『伝絵』によれば、聖徳太子の本地・救世観世音菩薩は僧形（出家の姿）で、身には白い袈裟をまとい、広大な純白の蓮華座に端坐して現れ、親鸞（善信）に、

行者宿報設女犯（行者宿報にてたとい女犯すとも）

我成玉女身被犯（われ玉女身となりて犯されん）

一生之間能荘厳（一生の間よく荘厳して）

臨終引導生極楽（臨終には引導して極楽に生ぜしめん）

とお告げになったとされています。「そなたがもし宿世の報いによって、避けることもできずに戒律を破り妻をめとるようなことがあれば、私（観音）が玉女身（麗しき女人）となってそなたの妻になろう。そしてそなたの一生を仏道として美しく荘厳し、臨終には極楽へ導いていくであろう」といわれたのです。しかも観世音菩薩は、「これはこれわが誓願なり。善信この誓願の旨趣を宣説して、一切群生にきかしむべし」といわれました。

親鸞聖人にとってこの夢の告げは、やむを得ず破戒し、妻帯して在家の生活を営むことがあっても極楽へ生まれることのできる道があり、しかもそれは阿弥陀仏の大悲の徳を表す観音菩薩が承認された真の仏道であるということを暗示していました。その道こそ吉水の草庵にあって持戒・破戒をえらばず、出家・在家を問わず、ただ本願を信じ念仏だに申せば極楽に往生すると教えておられるという法然聖人の専修念仏の道に通ずるのではないか。

こうして、親鸞聖人は六角堂を出て、吉水の草庵に法然聖人をたずねていかれたのです。建仁元年四月五日の暁のことでした。

親鸞聖人の回心

ただ念仏して

まだ夜の明けきらぬ早暁に、吉水の草庵を尋ねてきた若い修行僧・範宴（親鸞聖人）の上に、法然聖人は、ひたむきに道を求めた若き日の自身を見るような思いがしたことであったでしょう。

聖人は若き範宴に、「阿弥陀仏は平等の大悲に催されて、善人も悪人もわけへだてなく生死を超えさせるために、誰でもが歩める易行の念仏に、無量の功徳を込めて、万人の往生行として選び取られた。そしてお願いだから念仏して浄土に生まれ来たれと願っていてくださる。それが念仏往生の本願である。それゆえ本願を疑いなく受け容れて念仏するものは、どのような人であれ本願力に乗じて往生を得させていただくのである。救いは阿弥陀仏の大悲の必然として恵まれるのであって、行者の業績に対する褒賞として与えられるものではない。こざかしい人間のはからいを止めて、阿弥陀仏の本願にまかせて共にお念仏をしようではないか」と、ただひとすじに説かれたのでした。

それは今まで範宴が学んできた、悪を廃して善を積み、自ら心を浄化しなければ浄土に生まれることも、悟りを極めることもできないという聖道の道とは全く異なった教えでした。諄々とお説きくださる法然聖人の、穏やかなかに毅然とした信念にふれたとき、範宴はしびれるような感動に包まれたのでした。

『歎異抄』第二条には、聖人の晩年、関東の門弟たちが、往生極楽の道を聞きただしたとき、親鸞聖人は恩師から承った念仏の信心を述べて、

親鸞におきては、ただ念仏して弥陀にたすけられまゐらすべしと、よきひとの仰せをかぶりて信ずるほかに別の子細なきなり。念仏は、まことに浄土に生るるたねにてやはんべらん、また地獄におつべき業にてやはんべるらん。総じてもつて存知せざるなり。たとひ法然聖人にすかされまゐらせて、念仏して地獄におちたりとも、さらに後悔すべからず候ふ。そのゆゑは、自余の行もはげみて仏に成るべかりける身が、念仏を申して地獄にもおちて候はばこそ、すかされたてまつりてといふ後悔も候はめ。いづれの行もおよびがたき身なれば、とても地獄は一定すみかぞかし。

とズバリ言い切られています。「この親鸞は、ただひとすじに念仏して、阿弥陀仏にたすけていただこうと、法然聖人の仰せのとおりに信じているだけで、そのほかに特別のわけなどはない。念仏が、ほんとうに浄土に生まれる因（たね）であるのか、それとも地獄におちる業（因）であるのか、私は全く知らないし、それを見極める能力もない。かりに法然聖人にあざむかれて、念仏して地獄におちたとしても、私は決して後悔はしない。なぜならば、ほかの修行をはげんだならば仏になれたはずの身が、念仏を申したばかりに地獄におちたとでもいうのならば、あざむかれた、という後

悔もあろうが、いずれの修行にもたえられない愚悪の身には、地獄こそ定まれる住み家だからである」とおっしゃるのです。

凄まじい言葉です。決して尋常の言葉ではありません。よほど切羽づまった状況のなかで、自身の信心を告白し、ご自身の立場を証しなければならなくなったときに仰せられた言葉に違いありません。『恵信尼消息』には、

「上人のわたらせたまはんところには、人はいかにも申せ、たとひ悪道にわたらせたまふべしと申すとも、世々生々にも迷ひければこそありけめとまで思ひまゐらする身なれば」と、やうやうに人の申し候ひしときも仰せ候ひしなり。

といわれています。「聖人（法然）の行かれるところならば、人はどのように申されようと、たとえ法然は悪道に堕ちるといわれようと、一緒に行こうとまで思っています。それというのも私は遠い過去の世から今まで迷い続けてきたもので、このままでは永劫迷い続けるしかない身ですからと、さまざまに人が言ったときも仰せになりました」というのです。これは『歎異抄』第二条と全く同じ言葉を聞かれたからに違いありません。

「雑行をすてて本願に帰す」

晩年の親鸞聖人を襲った悲しい事件がありました。詳しい事情は後に述べますが、八十二、三歳ころからはじまった善鸞事件がそれです。聖人が関東へ、名代として遣わした息男の慈信房善鸞が、

あろうことか、自分だけが父親鸞から、他の門弟たちには伝えなかった特別の法義を夜ひそかに伝授されたといって、関東の門弟集団を攪乱したのでした。そのために門弟たちのなかに大混乱が起こり、わざわざ関東から京都まで、ことの真相を糾明するために聖人を訪ねてきた門弟たちがいたわけです。『歎異抄』の著者の唯円房もその一人であったに違いありません。

そうした状況のなかで聖人が、恩師法然聖人からお聞かせにあずかった本願念仏の教えを、自らの信心として率直に述べていかれたのが『歎異抄』第二条の法語でした。それは自らの信心を告白することによって、我が子にだけ特別の法義を説くはずのないことと、真理は万人に公開されていることを明らかにされたお言葉でした。この法語が「詮ずるところ、愚身の信心におきてはかくのごとし。このうへは、念仏をとりて信じたてまつらんとも、またすてんとも、面々の御はからひなりと」という厳しい言葉で結ばれているのもそのゆえです。

法然聖人がおられた京都東山の吉水草庵跡（京都市東山区）

聖人の信心と、その人格そのものに、弟子たちから疑問を投げかけられるというような深刻な事件は、そんなにあったはずはありません。このとき、まだ京都五条西洞院（にしのとういん）の禅坊（ぜんぼう）で聖人と一緒に住んで居られた恵信尼公は、門弟たちの厳しい問いかけにお答えになった聖人のお言葉を、文字どおり胸が痛くなるような想いで一緒に聞かれていたことでしょう。それが『恵信尼消息』の「やうやうに人の申し候ひしときも仰せ候ひしなり」という言葉でした。おそらく恵信尼公は、その日の出来事を自分の「日記」のなかに書きとめておられたのでしょう。

さて、法然聖人のもとをたずねた範宴は、この日からさらに百日の間、本願のみ教えを確認するために、一日も欠かさず吉水の草庵を訪ねて、真剣な聞法を続けられました。そして遂に意を決して法然聖人の門下に連なることになさったのです。それは二十年間学んできた自力聖道（じりきしょうどう）の法門と訣（けつ）別（べつ）することを意味していました。そのときのことを聖人は『教行証文類（きょうぎょうしょうもんるい）』の後序（ごじょ）に、次のように記されています。

しかるに愚禿釈（ぐとくしゃく）の鸞（らん）、建仁辛酉（けんにんかのとのとり）の暦（れき）、雑行（ぞうぎょう）を棄（す）てて本願に帰す。

この短い言葉が聖人の決定的な回心（えしん）と、新しい門出（かどで）を告げています。そのとき法然聖人は、範宴に「綽空（しゃっくう）」という法名を授けられたといわれています。聖道門を捨てて浄土門に入れと教えられた道綽（どうしゃく）禅師の「綽」に、法然房源空の「空」の字をくわえて、法然聖人から授けられた法名です。範宴は、「釈綽空」として変身したのでした。こうして二十九歳のとき、法然聖人から承った本願念仏のみ教えは、親鸞聖人の九十年の生涯を決定づけていくのでした。

『選択本願念仏集』の相伝①

法然聖人の台頭

親鸞聖人（綽空）が法然聖人の門下生として過ごされたのはわずか五年でした。三十五歳を迎えた承元元年（建永二年、一二〇七）の三月はじめには、承元の法難に連座して親鸞聖人は越後へ、法然聖人は四国へ、それぞれ流刑に処せられて生き別れになり、そのままこの世で再会されることはありませんでした。その期間は短かったけれども、親鸞聖人にとって五年余の歳月は、九十歳でこの世を終えられるまでの全人生を充実させるほどの意味を持った濃密な時間であったのです。

自己の経歴については一切語らないことで有名な聖人が、法然門下であったころの出来事として、ご自身が記録されていることが三つあります。第一は、『選択本願念仏集』の相伝であり、第二は、法然聖人の真影の図画を認許されたことであり、第三は、承元の法難の顚末です。そしてこれらはいずれも単に聖人の個人的な出来事ではなくて、公的な意味を持っていたからこそ記録されたのでした。

法然聖人が、前関白藤原兼実の要請を受けて、主著の『選択本願念仏集』を著されたのは、親鸞聖人が入門する三年前の建久九年（一一九八）、六十六歳のときであったといわれています。

承安五年（一一七五）、四十三歳のときに、善導大師の『観経疏』に触発されて本願念仏の世界に開眼し回心をされてから、すでに二十三年の歳月が流れていました。最初は全く無名の念仏聖であった法然聖人が、文治二年（文治五年ともいう）、五十四歳のとき、後に天台座主になる大原の顕真法印に招かれて行った大原談義で、にわかに脚光を浴びるようになり、兼実に招かれて往生の要を説き、戒を授けるというような破格の扱いを受けるようになったのでした。さらに文治六年（一一九〇）、五十八歳のときには、俊乗房重源上人（一一二一～一二〇六）に招かれて、工事中の東大寺で浄土三部経の講義をされたのでした。『漢語灯録』に収録されている「大経釈」「観経釈」「阿弥陀経釈」という三部経釈が、そのときの講義の聞き書きです。その「大経釈」のなかで、法然聖人ははじめて浄土教（浄土宗）の立教開宗を宣言されています。

重源上人像（レプリカ、大阪府立狭山池博物館蔵）

立教開宗というのは、独自の教義体系を立てて、新しい宗教（仏教全体がそこへ集約するような教法）の独立を宣言することでした。これまでの仏教は、いずれも戒律を持って生活を浄化し、禅定を修して精神を統一し、一切は空であると悟る智慧を完成することによって、釈尊と同じようにこの世で聖者になることを目指すものでした。それは優れた能力を持った人だけが歩める難行道でしかありません。ところが浄土三部経には、どんなに愚かで罪深きものであっても救われていく阿弥陀仏の選択本願念仏という易行の大道が説かれている。その往生浄土の法門こそ釈尊の本意にかなった教えであると断言されたのです。それをこともあろうに東大寺で宣言されたのでした。東大寺が総国分寺として、国立寺院の中心であり、そこにある戒壇院が、具足戒を授けて正式の出家者を養成する聖道門の根本道場であったということを考えてみると、大変な宣言をしてしまったといわねばならないでしょう。

歓迎と敵視と

その教えは、重源上人配下の勧進聖たちだけではなく、庶民とともに生き、庶民の切実な宗教的要請に応えようとしていた無名の民間宗教者たち（いわゆる聖）の集団からは、新しい庶民の宗教の理論指導者の出現として讃仰され歓迎されました。しかしその反面、東大寺や興福寺をはじめとする南都の諸大寺の学僧や、比叡山延暦寺の学僧たちからは、民衆に迎合して本来の仏法をゆがめ破壊する不逞の輩として敵視され、多くの権力者からは不気味な人物として注視されるようになったのでした。

この重源上人は、源平の戦乱の渦中に巻き込まれて焼け落ちた東大寺の大仏殿を再建するよう後白河法皇の勅命を受け、大勧進職として天下の勧進聖を率いて活躍していた人物でした。彼は法然聖人が大原談義を行われたとき、聖人の側について参加した人で、「南無阿弥陀仏」を自分の名前としたほど阿弥陀仏信仰に生きる念仏聖でしたが、その思想も信仰形態も、生き方も法然聖人とはずいぶん違っていました。しかし、両者は互いに相手の生き方を尊重し、尊敬し合う同志でもあったのです。

当時の聖たちの世界では、東大寺の再建をはじめ、各地に寺塔を建て、仏・菩薩像を造立し、あるいは播磨の魚住泊（魚住港）や、兵庫の大輪田泊（大和田港）の改修を行ったり、あるいは狭山池の大改修をして灌漑設備を整えて人々の生活を潤したり、さまざまな社会事業まで行う重源上人は、庶民のなかで生きる勧進聖たちに活動の舞台を与えてくれる勝れた企画者であり、社会事業家でもあったといえましょう。それに対して法然聖人は、庶民とともに生きる聖たちに、専修念仏という心の拠り所を与えて、信念と勇気を恵んでくれる文字どおり精神の指導者でした。

その法然聖人が、『選択本願念仏集』を著されたのは、藤原兼実の要請があったからでした。『選択集』の末尾に、

しかるにいま図らざるに仰せを蒙る。辞謝するに地なし。よりていまなまじひに念仏の要文を集めて、あまつさへ念仏の要義を述ぶ。ただし命旨を顧みて不敏を顧みず。これすなはち無慚

無愧(むぎ)のはなはだしきなり。

といわれているとおりです。そこには「仰せを蒙る」とだけあって、誰の仰せか解りませんが、親鸞聖人が、『教行証文類』後序(ごじょ)に、それは「禅定博陸(ぜんじょうはくりく)［月輪殿(つきのわどの)兼実、法名円照］の教命(こうめい)」であったといわれたことによって、撰述を要請した人は博陸（関白）兼実であったことは明らかでしょう。

兼実が著作を要請した理由の一つは法然聖人の健康問題でした。聖人は建久(けんきゅう)九年（一一九八）正月一日から、恒例の別時念仏(べつじねんぶつ)をはじめられましたが、風邪をひかれたらしく、二月に入ると病が重くなり、四月になっても本復(ほんぷく)しなかったようです。そのため一時は死を覚悟されたらしく、四月八日には、葬儀のこととか、房舎や資具(しぐ)などの処分について「没後遺誡(もつごゆいかい)」を書かれるほどでした。

法然聖人は、もともと文章を書くことを好まれなかったため、自筆の書は極めて少なく、多くは門弟がその法話や講義を筆録したものでした。それだけにそれらは教義書としての正確さに欠けるところがあったのです。もし聖人が今往生されるならば、せっかく開かれた選択本願念仏の教えが消滅してしまうか、誤解されたままで伝わってしまう恐れがありました。そこで心ある門弟たちは、体系的な教義書を希い求めていたのでしょう。それを代弁して兼実が聖人に要請したわけです。

『選択本願念仏集』の相伝②

『選択集』はどのように書かれたのか

法然聖人がお亡くなりになった直後、『選択集』を厳しく論難した栂尾の明恵上人の『摧邪輪』のはじめに、ある人がいったとして、「上人（法然）、深智ありと雖も、文章に善からず。よって自製の書記なし」という言葉を挙げています。しかしわずかではありますが聖人のご自筆の手紙が残っていて、それを読む限り聖人は決して文章が下手ではありません。例えば「しやう如ばう（聖如房？）へのご返事」のように、元は聖人のご自筆であったに違いないと思われるお手紙などは、心のこもった実にいい文章です。しかしわずかなお手紙を除いてご自筆の書物が残っていないということは事実です。「智慧第一の法然房」と讃えられた方でしたが、文章を書くのはお好きではなかったようです。

前関白藤原兼実の懇望によって撰述された『選択本願念仏集』の草稿本でさえも、弟子に口述して筆記させられたものしか残っていません。そのとき、助手を務めたのは真観房感西、安楽房遵西、善恵房証空の三人の門弟であったといわれています。

京都の廬山寺に秘蔵されてきた廬山寺本がその草稿本であろうといわれていますが、それを拝見しますと、行間に多くの書き込みがあったり、至る所に訂正のあとが見られます。三カ所ほどは相当な長文が後から書き込まれていることがわかります。その場合、行間に、裏に入れるべき文があると注記をし、裏面にその文章が同じ筆跡で書かれています。また「本願章」では本願の成就についての問答が書き換えられていたり、「念仏付属章」では、一度書かれた『大無量寿経』と『観無量寿経』の説時の前後を論ずる文章が、五頁（二丁半）ほども省略されています。こうした推敲を重ねた上で清書されたものが兼実公に献呈されたわけです。

浄土宗鎮西派の聖冏（一三四一～一四二〇）の『決疑鈔直牒』巻七によれば、草稿本の「選択本願念仏集」という内題と「南無阿弥陀仏。往生之業、念仏以先」の文は、法然聖人の直筆であり、第一「二門章」のはじめから、第三「本願章」の

法然聖人から『選択集』を授けられる親鸞聖人（『御絵伝』）

「能令瓦礫変成金」の文に至るまでは安楽房遵西、つぎの「問曰一切菩薩雖立其願」より第十二「念仏付属章」にいたるまでは真観房感西、第十三章のはじめより、後述の文の「一如経法応知」までの筆者は不明であるが、最後の「静以善導」以下は真観房の執筆であるといっています。聖冏のこの伝承は廬山寺本の筆跡と完全に一致しています。なお聖冏は「第十三章より散善義の後述の文までの執筆の名は不明である」といっていますが、最近の研究で、第三筆の筆者は、善恵房証空であるという説が有力です。

浄土門独立の必然性

さて『選択本願念仏集』とは、選択本願の念仏のいわれを説き示された経文と、そのいわれを解説された善導大師の要文を集録した書という意味ですが、各章に法然聖人の領解が、「私に曰わく」として示されています。選択とは取捨のことで、多くの事柄のなかで、仏陀の心にかなった一つの事柄を選び取り、それ以外を選び捨てることを意味していましたから、自力の諸行を廃して、他力念仏の一行を立てる廃立と同じ意味を表す言葉でした。

『大無量寿経』によれば、久遠の昔、法蔵菩薩と名乗る修行者が出現されて、一切の衆生を平等に救おうという大慈大悲の願いを発された。そしてあらゆる仏陀たちの衆生救済の方法をことごとく学びつくしたうえで、五劫ものあいだ思惟して、その劣ったところは選び捨て、勝れたところを選び取り、どの仏陀も実現することができなかった、万人を平等に救うという救済の道を選び取られたと説かれています。それゆえ広くいえば法蔵菩薩が建てられた四十八種の願はすべて選択本願といわれるものですが、とくに誰でもが実践できて、しかも最高の徳を与える行として称名念仏の一行を往生行と選び定められた第十八願こそ「本願中の王」であるといわれています。後に親鸞聖人が、「選択本願」を第十八願の願名として用いられた所以です。

　こうして正しく往生が定まる行業である「正定業」は、如来が選択された称名一行であることが明白になったのでした。『選択集』には、このような選択本願念仏の道理を、善導大師の教示にしたがって『大無量寿経』『観無量寿経』『阿弥陀経』のうえに読み取り、如来の選択に順って、一切の自力の諸行を廃して念仏一行を専修することこそ、弥陀、釈迦、諸仏の仏意にかなう真実の仏道であるということを十六章に分けて論述されていたのでした。

　その法義を要約したものが、最後の第十六章の後に示されたいわゆる「三選の文」です。すなわち「生死を超えていこうとするものは聖道門をさしおいて選んで浄土門に入るべきである。浄土門に入るものは自力の雑行を捨てて選んで正行に帰し、正行中では助業をさしおいて、選んで正定業たる称名一行を専修せよ。それが選択本願に順ずる道だからである」という御文です。

　仏教には、自力聖道門と、他力浄土門とがある。しかし自身の修行能力を信じて厳しい修行を行い、煩悩を浄化し、この土での悟りを目指す聖道門は、末法の時代に生きる煩悩具足の凡夫には、もはや閉ざされた道である。末法の世に生きる凡夫には、ひとすじに阿弥陀仏の本願他力を信じて念仏し、本願力に乗じて浄土へ往生させていただく他力浄土門の外に悟りへの道はないといい切っていかれたのでした。

聖道門と浄土門とが、法門構造を異にしているのならば、浄土教は従来の天台浄土教や、三論浄土教や、真言浄土教のように、聖道門の枠のなかに収まるべきものではなくて、聖道仏教から独立しなければならない。それでなければ阿弥陀仏の本願の真意が覆い隠されてしまうといわれたのが『選択集』の主張だったのです。法然聖人が主張される選択・廃立の論理は、浄土門の独立の必然性を明確にする役割を果たしてくださったわけです。『選択集』が浄土宗独立の宣言書といわれる所以です。

この選択・廃立の法義は、顕教と密教を融合し、諸仏・菩薩を頼み、雑行を雑修していた当時の仏教界に革命的な衝撃を与えていきました。やがて強烈な反発がくるであろうことを誰よりも法然聖人は知っておられたのでしょう。ですから最後には、

> 庶幾はくは一たび高覧を経て後に、壁の底に埋みて、窓の前に遺すことなかれ。おそらくは破法の人をして、悪道に堕せしめざらんがためなり。

とおっしゃり、『選択集』の公開を厳しく禁じ、その法義を正しく領解できる門弟にだけ、秘かに伝授されたのでした。『選択集』を確実に相伝されたとみなされる門人は、この書の撰述にかかわった三人のほかは、法蓮房信空、成覚房幸西、聖光房弁長、勢観房源智、隆寛律師、それに善信房親鸞聖人ぐらいではなかったかといわれています。なかでも入門してわずか四年ほどしか経っていない三十三歳の親鸞聖人に伝授されたのは異例といわねばなりません。

法然聖人の真影の図画と改名

法然聖人の肖像画を写す許しを得る

『教行証文類』の後序の記述によると、親鸞聖人は『選択集』を伝授された年に、さらに法然（源空）聖人の真影の図画を許されていたことがわかります。

元久乙丑の歳、恩恕を蒙りて『選択』を書しき。同じき年の初夏中旬第四日に、「選択本願念仏集」の内題の字、ならびに「南無阿弥陀仏　往生之業　念仏為本」と「釈綽空」の字と、空の真筆をもって、これを書かしめたまひき。同じき日、空の真影申預かりて、図画したてまつる。

同じき二年閏七月下旬第九日、真影の銘は、真筆をもつて「南無阿弥陀仏」と「若我成仏十方衆生　称我名号　下至十声　若不生者　不取正覚　彼仏今現在成仏　当知本誓重願不虚　衆生称念必得往生」の真文とを書かしめたまふ。また夢の告げによりて、綽空の字を改めて、同じき日、御筆をもつて名の字を書かしめたまひをはんぬ。本師聖人今年は七旬三の御歳なり。

「元久二年（一二〇五）、法然聖人の、特別の思召によって、『選択集』を写すことをお許しいただいた。その年の四月十四日に、書写を終わったので、お借りしていた原本と、それを写した写本とを提出すると、聖人はその写本に、「選択本願念仏集」という内題の文字と、「南無阿弥陀仏　往生之業　念仏為本」（往生の行業としては、南無阿弥陀仏と称える念仏を根本とする）という浄土の教えの真髄を表す文（標宗の文）と、そして「釈綽空」という私の名を法然聖人がご自筆でお書きくださいました。

また同じ日に、法然聖人の絵像（真影）を写すことを許され、絵像をお借りしてそれを写させていただいた。四カ月半ほどかかって、同じ元久二年の閏七月（二度目の七月）二十九日に、絵像の写しが完成したので持参すると、聖人自ら筆を執って、その絵像の銘として、「南無阿弥陀仏」という六字名号と、「〈もしわれ成仏せんに、十方の衆生、わが名号を称せん、下十声に至るまで、もし生れずは正覚を取らじ〉と。かの仏いま現にましまして成仏したまへり。まさに知るべし、本誓重願虚

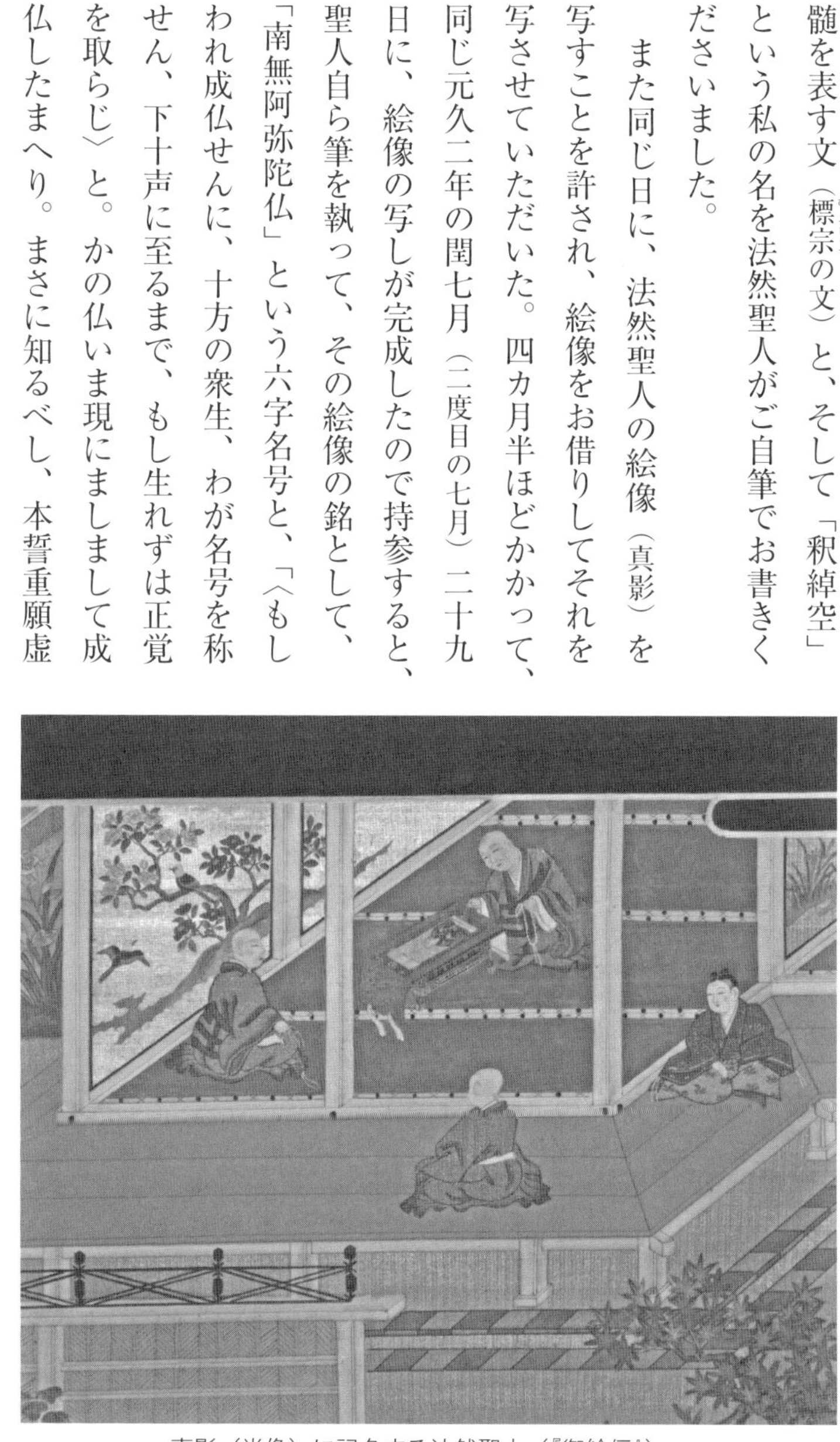

真影（肖像）に記名する法然聖人（『御絵伝』）

しからず、衆生称念すればかならず往生を得」という『往生礼讃』の尊い御文とを書いてくださったのでした。

またそのとき私は夢の告げによって、綽空という名を善信と改めたいと申し上げると、聖人はお許しくださって、その新しい名を自ら筆を執ってお書きくださった。本師源空聖人は、この年は七十三の御歳でありました」と記されています。

ここに絵像の銘として書かれたのは第十八願取意の文とも、本願加減の文とも呼ばれる、善導大師の教えの根幹をなす言葉であり、法然聖人の念仏往生の信心を支える言葉でもありました。それはつぎのような意味を表していました。第十八願には「もし私が仏になったとき、十方世界の衆生で、私の名を称えるものは、それがわずか十声しか称えられないものまでも、みな浄土へ生れさせよう。もし往生できないものがいるならば、私は仏にならない」と誓い、さらに「重誓偈」には、この誓いがもし成就しないようならば仏にはならないと重ねて誓われている。そのように誓われた法蔵菩薩が、今現に阿弥陀仏となっておられることは、このように本願と重誓が成就していて、誓いのとおりに念仏の衆生を救いたまう仏となられていることを表している。それゆえ名号を称念する衆生は必ず浄土に往生できると知るべきであるというのです。

夢の告げによる改名

入門してわずか四年にしかならない親鸞聖人が多くの先輩の門弟をさしおいて『選択集』を伝授

されたことだけでも驚くべきことであるのに、真影（肖像画）の図画までも許されたということは、破天荒のことであったといわねばなりません。やはり法門の後継者として親鸞聖人を高く評価されていたと見るべきでしょう。禅宗などでは祖師や師匠の肖像画を頂相と呼びますが、とくに師匠の自賛のある頂相は付法（法義の真髄を相伝するもの）の証拠として重視されているものでした。親鸞聖人自身、『選択集』と真影をたまわったことの感動を、前の文に続いて、

　年を渉り日を渉りて、その教誨を蒙るの人、千万なりといへども、親といひ疎といひ、この見写を獲るの徒、はなはだもって難し。しかるにすでに製作を書写し、真影を図画せり。これ専念正業の徳なり、これ決定往生の徴なり。よりて悲喜の涙を抑へて由来の縁を註す。

と言葉を尽くして述べられています。「長い年月の内には、法然聖人の教えを受けた人は、幾千万とも知れないほどおり、なかには親しいもの、疎遠なもの、さまざまな人がいるが、この『選択集』を拝見し書写を許されたものは、極めて希である。にもかかわらず、私はすでに『選択集』の書写を許されたばかりか、その真影まで図画することを許された。これは正定の業として与えられた念仏を専修している徳であり、本願に乗じて、決定して往生する身にしていただいているしるしである。よって、悲喜の涙をおさえて、恩師との深い法縁の次第を書き記したわけである」といわれているのです。その深い感動は尋常ではありません。

　このとき親鸞聖人が授けられた法然聖人の真影は、三河（愛知県岡崎市）の桑子の妙源寺に伝わっているものがそれであるといわれています。

ところでここに、夢の告げによって改名したといわれていますが、夢の告げの内容も、改名後の名も記されていません。それについて、存覚上人が著された『六要鈔』（『教行証文類』の最初の注釈書）には、「しかるに聖徳太子の告命に依って、改めて善信と曰ふ。厳師（源空）諾あり」と注釈されています。これによれば、聖徳太子の夢の告げによって、法然聖人からいただいた「綽空」と言う実名を改めて「善信」と名乗られたことがわかります。

したがってこのときの「善信」という名は、「綽空」に替わるものであり、仮号と実名をかねた名であったといわれています。そして『六要鈔』には「これを仮号となして、後に実名を称す、その実名とは今載するところこれなり」といわれています。すなわち後には「善信」という名を仮号（仮名・房号）として、新しく実名を名乗るようになったが、その実名が『教行証文類』に撰号として記されている「親鸞」という名であるというのでした。この『六要鈔』の説は、聖人の弟子や孫弟子たちからの伝承によるものに違いありませんから、このまま信用すべきでしょう。そしてその「夢の告げ」というのは、先に述べた二十九歳のときに感得された六角堂の夢告であったと考えられます。その夢告によってなぜこのとき改名されたのかはわかりません。あるいはこの時点で親鸞聖人が結婚された可能性が考えられますが、それを明らかにする史料は現在のところ見つかっていません。

信心一異の諍論①

諍論はいつ行われたか

『歎異抄』後序に、親鸞聖人が、法然聖人の門下生であったときの出来事として、信心一異の諍論があったことが伝えられています。現代語に訳すると次のようになります。

「いまはなき親鸞聖人からうけたまわった話ですが、法然聖人の御在世のころ、たくさんのお弟子がおられましたが、法然聖人と同じ信心を持っている人はわずかしかおられなかったために、親鸞聖人は、同門の兄弟弟子たちと論争をされたことがありました。

親鸞聖人（善信房）が、「この善信の信心も、法然聖人の御信心も全く同じである」といわれたところ、勢観房や念仏房などと申される同門の方々が、もってのほかのことだと反対されて、「師である聖人の御信心と、末弟にすぎない善信房の信心が、全く同じであるなどということがどうしてあり得ようか」といわれたのです。しかし親鸞聖人は、「師の聖人がお持ちになっているような広く深いお智慧や学識と同じであるなどと申すのならば、それは道理にはずれた言い分でしょうが、念仏往生の本願を疑いなく信ずる往生の信心に関するかぎりは、全く異なることはありません。ただ一つです」とご返答になりました。けれども、なお「どうしてそのような道理があろう。智慧や学識がちがえば、当然信心にも浅深のちがいがあるはずだ」と疑いなじられるので、おさまりがつかなくなり、最終的には法然聖人の御前で、自他のどちらの言い分が正しいか、是非を定めていただこうということになって、聖人にことのいきさつを詳しく申しあげました。

すると、法然聖人の仰せられるには、「この源空（法然）の信心も、阿弥陀如来からたまわった信心です。善信房の信心も、如来よりたまわられた信心です。それゆえ、往生の信心は、全く同じです。もし異なった信心を持っておられる方は、源空がまいらせていただくであろう浄土へは、よもやまいられることはありますまい」と仰せられたということ

信心について法然聖人にたずねる親鸞聖人（『御絵伝』）

です。

これでもわかるように、直接法然聖人の教えをうけて、念仏一行を専修しておられたその当時の人々のなかにも、親鸞聖人の御信心と同じでない信心を持っている方々がおられたように思われます」。

この諍論が、いつごろの出来事であったかは明らかではありません。高田派に伝わる『親鸞聖人正明伝』には「これは建永元年丙寅秋のころにてありけるとぞ」といい、親鸞聖人三十四歳のときの出来事であったと伝えており、それをうけたといわれる高田派の学僧、五天良空（一六六九～一七三三）の『正統伝』には「三十四歳、八月十六日」と日付まで記しています。もちろんそれを確認する史料はありません。しかし、もし『歎異抄』に記されているように親鸞聖人が「善信房」と呼ばれていたとすると、元久二年（一二〇五）七月二十九日、三十三歳以降のことになります。先に述べたように、この日に聖人は、それまで名乗っておられた綽空を改めて、善信と名乗ることを法然聖人に認めてもらっているからです。そのことは『教行証文類』後序と、それを註釈された存覚上人の『六要鈔』に記されているとおりです。

また三十五歳になられた建永二年（承元元年）一月二十四日には専修念仏の停止が宣下されており、二月上旬には、両聖人とも、それぞれ流罪になっています。ともかくその年が明けて間もないころから、吉水の草庵は物情騒然としていたはずですから、とてもこのように法義を語りあうような雰囲気ではなかったと思われます。とするとやはりこの諍論は、元久二年から建永元年ごろの出来事とみて大きなちがいはないでしょう。

勢観房と念仏房

『歎異抄』によると親鸞聖人と諍論をされたのは、勢観房と念仏房であったといわれています。勢観房源智上人（一一八三～一二三八）は、一ノ谷の合戦で戦死した平師盛の息男で、清盛の曾孫にあたると考えられる人で、平家が滅亡したあと、源氏の探索をのがれて母にかくまわれていましたが、十三歳になったころ、母は法然聖人にこの子をあずけられました。おそらく探索の手が伸びたからでしょう。法然聖人は彼を慈円僧正のもとへ送って正式の得度を受けさせました。間もなく吉水にかえり、法然門下の上足の弟子、真観房感西上人に指導を受けています。元久元年に感西上人が四十八歳で往生を遂げたあとは、法然聖人の常随の弟子となって、教導をうけた人でした。

承元の法難に遭遇して、法然聖人が四国へ流刑に処せられたときはお供をすることはできなかったようですが、聖人がその年の終わりに箕面の勝尾寺に移り住むようになられてからは、しばしば訪ねていったようです。聖人は建暦元年十一月十七日にご流罪が完全に赦免になり、京都東山の大谷へ還られるのですが、翌年一月二十五日にご臨終を迎えられるまで聖人の介護にあたり、念持仏であった阿弥陀仏像（京都・西福寺蔵）を付属されています。また『一枚起請文』をさずけられた人としても有名です。また源智上人の聞書をもとにして成立したと考えられる醍醐本『法然上人伝記』は、法然聖人のご事績ばかりか、晩年の法語や心境を知るうえで重要な書物です。

法然聖人が往生された年の暮れ（建暦二年十二月）、先師の報恩のために二尺の阿弥陀仏像を建立していますが、その胎内には四万六千人余りの結縁者の名を連ねた結縁交名状が収められていました。源智上人の法流は紫野門徒と呼ばれていますが、法然聖人の廟堂を修理し、堂舎を建てて、知恩院大谷寺と号したのも源智上人でした。

念仏房念阿上人（一一五七～一二五一）は、天台宗の人でしたが、一説によると、三十歳のとき、大原問答に結縁して法然聖人の門人となったともいわれています。嵯峨の釈迦堂を再建し、その西隣りに往生院を建てて、念仏の勧化をされたので往生院の念仏房と呼ばれています。九十五歳という驚異的な長寿で往生を遂げるまで嵯峨を中心に広く教化をしていた人でした。

要するに法然門下としては、親鸞聖人にとって、勢観房は年齢は若いが六年、念仏房は十五年も大先輩であったことがわかります。この人たちが「信心は師弟一味」であるという親鸞聖人の主張に驚き、はげしく論難されたということは、法然聖人からこのようなことは一度も聞いたことがなかったからだといわねばならないでしょう。

信心一異の諍論②

念仏に込められた無上の功徳

法然聖人は、つねづね念仏は、老少・善悪の差別なく、平等に往生のできる道として如来が選び定められた選択本願の行であって、称える人によって功徳に差別はないといわれていました。『念仏往生要義鈔』によれば、戒律を護って、清らかな生活をしている出家者の念仏も、愛憎にまみれた世俗の生活を送っている在家の信者の念仏も功徳に変わりはないし、一声の念仏も十声の念仏も、平生の念仏も臨終の念仏も、心をすまして称えた念仏も、散り乱れ濁った心で称えている念仏も、あるいは智者の念仏も愚者の念仏もその功徳は全く等しいといわれています。しかし信心が人によって浅深のちがいがあるかどうかということについて、はっきりと仰せられた法語は見あたりませんし、「如来よりたまわりたる信心」というような教説も、現存する著書や法語類のなかに見いだすことはできません。

もっとも、念仏は、誰が、いつ、どのような状態で称えていようと、その功徳は同じであるということは、一声一声の南無阿弥陀仏が無上の功徳を持っているからで、それは称えるものが積み重ねていく有上（有限）な徳ではなくて、本願の名号に無上（無限）の徳がこめられているからです。法然聖人はそれを喩えて「金はにしきにつつめるも、わらづとにつつめるも、おなじこがねなるがごとし」（弘願本『法然聖人絵』）といわれていました。華麗な錦の袱紗に包んだからといって黄金そのものの値打ちが上がるわけではなく、藁で編んだ、粗末な袋にくるんであったとしても黄金の価値が下がるわけではないのと同じであるといわれるのでした。その無上功徳である本願の名号（念仏）を疑いなく受け容れているすがたが信心だったのです。

法然聖人が信心を強調されたことはいうまでもありません。『選択集』三心章に「生死の家には疑をもつて所止となし、涅槃の城には信をもつて能入となす」といい、私どもが迷いの境界に止まるか、それともさとりの領域に至るかは、念仏往生の本願を疑うか、信じるかによって決定するのであるという、有名な信疑決判をされていること

法然聖人の吉水草庵跡に建つ安養寺（京都市東山区）

によって明らかです。親鸞聖人が、往生成仏の因はただ信心一つであるという信心正因説を確立されたのはこの信疑決判を承けた説でした。

法然聖人は、阿弥陀仏は、さとりに至る手がかりさえもない凡夫を救うために、名号に無上の功徳をこめて選び取り、名号を称えるものを必ず浄土に迎え取ると誓願されている。この念仏往生の本願を疑いなく受け容れることを信心といい、本願を信じて称名するものは、善悪、賢愚の隔てなく如来の本願力に乗じて必ず往生を得ると教えていかれたのでした。このように本願を疑いなく受け容れ、如来の仰せに順って念仏していることが本願を信じているすがたであるならば、そのような信心は本願をはからいなく受け容れている念仏者には、同じように恵まれている心であるはずです。本願のみ言葉が、本願を疑いなく受け容れる信心となっているのであるから、同じ本願を聞き受けているものには、同じ信心が恵まれているといえるのです。

「諸人伝説の詞」のなかに、法然聖人の「つねのおおせ」として次のような法語が記録されています。

たとへば葦のしげきいけに十五夜の月のやどりたるは、よそにては月やどりたりとも見へねども、よくよくたちよりて見れば、あしまをわけてやどる也。妄念のあしはしげゝれども、三心の月はやどるなり。

まことに美しい法語です。三心とは、『観無量寿経』に説かれた至誠心、深心、回向発願心のことであり、第十八願に誓われている至心、信楽、欲生をいいます。しかしそれは要を取っていえば、疑いなく本願を聞き受けている信心（信楽・深心）におさまるものでした。その信心を水月（水に映った月影）にたとえられているのです。これは信心とは、「必ず助ける」という大悲の仏心が私どもの妄念煩悩の心中に響きこんで、「必ず助かる」という信心となっているのだと受け取られていたからです。信心は確かに私どもの煩悩心中に宿ってはいるが、煩悩の変形ではなく、その本体は仏の大悲心にほかなりません。だから煩悩に染まることなく、煩悩の心を照らし、輝かせていくはたらきを持っているのです。そこに自ずから「如来よりたまわりたる信心（三心）」といういわれが現れていました。

如来よりたまわりたる信心

こうした法然聖人の心を鋭敏に読み取られたのが親鸞聖人（善信房）でした。その内容こそ「信心一異の諍論」のときに、兄弟弟子たちに対して、

> 聖人の御智慧・才覚ひろくおはしますに、一つならんと申さばこそひがことならめ。往生の信心においては、まつたく異なることなし、ただ一つなり。

と披瀝された言葉だったのです。

おそらくこの親鸞聖人の深い洞察の言葉を聞いて法然聖人も驚嘆されたのではないかと思われます。それは、法然聖人がいわんとしてまだ言葉にはなっていなかった言葉だったからです。しかしその言葉に触発されるように、そのとき、法然聖人の心にひらめいたのは、本願の信心は「如来よりたまわりたる信心」であり、万人平等の信心であるということでした。「必ず助ける」という仰せは、「必ず助かる」という信心となって、万人の上に恵まれていく。そこには人間の智慧(ちえ)や学識といった自己のはからいによって積み重ねてきた人間の営みは全く介在しません。

ですから、同じ如来大悲の結晶である本願のみ言葉を疑いなく聞きうけている人の心には、同じ仏心が宿っているといわねばなりません。そこに、

源空が信心も、如来よりたまはりたる信心なり、善信房の信心も、如来よりたまはらせたまひたる信心なり。されば、ただ一つなり。

といわれたように、「如来よりたまわりたる信心なるがゆえに、ただ一つなり」といいきれる世界が開け、「往生の信心においてはただ一つなり」といった親鸞聖人の領解(りょうげ)を包みこんで、それに決定的な理由づけを与えてゆかれたのでした。

おそらく親鸞聖人はこのとき「如来よりたまわりたる信心」という師教(しきょう)を聞いて、深い感銘を受けられたにちがいありません。法然聖人は、それ以後「如来よりたまわりたる信心」の意義を展開されることはありませんでした。しかし親鸞聖人は、やがて『教行証文類』を著し、「本願力回向」という教義概念をもって、法然教学を裏づけつつ、浄土真宗の教義体系を確立していかれるのですが、その源流は、この信心一異の諍論にあったといえましょう。本願力回向の宗義は、まさに法然、親鸞両祖の合作であったといっても過言ではないのです。

承元の念仏弾圧

七箇条の制誡

念仏停止の訴え

法然聖人が、たとえ戒律は持たなくても、学問や修行はできなくても、本願を信じて念仏するものは、必ず浄土へ往生させていただけるといわれていると聞いたとき、南都、北嶺の修行者たちは、まさに驚天動地の思いがしたはずです。仏教といえば、戒律を持って無欲の生活を営み、精神を集中して、一切は空であるという道理をさとる智慧の眼を開いて、一切の迷いを超えていくほかにはないと教えられてきた人々には、考えられないことだったからです。

法然聖人の名声が上がり、念仏に帰依する信者が多くなるにつれて、聖人とその一門の専修念仏者に対する仏教界からの反感は次第に強まり、念仏弾圧に向けての不気味なうねりが増幅していきました。

元久元年（一二〇四）の十月、ついに比叡山三塔（東塔・西塔・横川）の大衆が一斉に蜂起し、天台の座主であった真性大僧正に、専修念仏の停止（全面禁止）を訴え出ました。そのころの比叡山では大事な事柄は、比叡山の僧侶全員が参加する大会を開いて、議題を決議し、全員の総意としてそれを実行したものです。それを大衆僉議とよんでいました。

『法然上人行状絵図』巻三十一によれば、「先年、南都（奈良の興福寺をはじめとする諸大寺）・北嶺（延暦寺）の有志が集まって、法然の弟子たちのなかには、専修念仏に名を借りて放逸無慚な振る舞いをして世間を惑わしているものが多いから、念仏を停止にすべきであるという意見をまとめたことがあった。しかしそのときは、法然が天台座主に申し開きをしたため、とがめ立てをすることなく終わった。しかしその後も専修念仏者は、行状を改める気配を見せないから、このたびは、三塔の大衆僉議を経て、速やかに専修念仏を停止させ、法然を処分するよう座主に訴え出た」といっています。そこで天台座主の名で法然聖人に釈明を求めてきたわけです。

法然聖人の僧籍はあくまでも天台宗にあり、黒谷沙門として延暦寺の配下にあったからです。その点では親鸞聖人もそうであり、法然門下の主だった門弟はほとんどが天台宗の僧侶でしたから、天台宗としては宗主権を行使したわけです。

法然聖人は、ただちに「叡山黒谷の沙門源空敬って、当寺の住持の三宝、護法善神の宝前に白す」という書き出しではじまる誓文を天台座主に送り、法然聖人の身を案じた前関白藤原兼実も座主に書状を送って衆徒をなだめました。さらに法然聖人は、門下の念仏聖たちに七箇条の制誡を示し、門弟たちも一人一人これに署名をして制誡を遵守することを誓ったので、比叡山の大衆もこれを了承して、ようやくことなきを得たわけです。

愚癡にかえって念仏する

元久元年十一月七日に書かれた『七箇条制誡』は、京都嵯峨の二尊院に原本が残っています。親鸞聖人が編集された法然聖人の法語集である、『西方指南抄』中末には送り仮名を附けて収録されています。なお署名した人数は「二尊院本」では、法然聖人と、門弟百八十九名の署名があり、親鸞聖人は、八日に「僧綽空」と自筆で署名されています。『西方指南抄』は法然聖人と、門弟二十二名の連名だけが挙げられ、他は省略されていますが、「已上二百余人連署了」と記されています。また『漢語灯録』本の終わりには「私に云く、執筆は法蓮房なり、右大弁行隆の息なり」といわれていますから、「制誡」の本文は法蓮房信空上人が執筆されたようです。文章自体も法然聖人の意を承けて、信空上人が書かれた可能性があります。

そこには「あまねく予が門人と号する念仏の上人等に告ぐ」という言葉にはじまって七箇条の制誡が挙げられています。その全体を貫いていることは、法然聖人がいつも仰せられていたように、「愚癡にかえって念仏する」という念仏者の原点に返れということでした。本願を信じ、念仏して浄土を願っている私どもは、学僧の集団でもなく、天台の止観の行や、真言の三密加持の行に明け暮れている持戒堅固な修行者の集団でもありません。むしろそうした聖道門の修行道から落ちこぼれた愚鈍無智の者の集まりです。このような浅ましい者を見捨てたまわぬ大悲の本願を慶び、愚癡に還って念仏している者たちです。私とともに念仏をなさろうとする方は、こうした念仏者としての原点に返っていただきたい。そこに立ち返るならば、南都・北嶺の学僧や修行僧から非難や攻撃を受けるような行動は決して取ることはないはずであるというのです。

第一には、仏教を知りもしないくせに、真言や止観の教えを批判したり、阿弥陀仏以外の諸仏や、諸菩薩を謗(そし)るということは決してしてはなりません。第二には、無知の身であるにもかかわらず、他宗の智者に対して論争を挑(いど)むようなことは決してしてはなりません。論議は仏道を精密に極めようとする智者にだけ許されていることですから、諍論(じょうろん)はしてはなりません。諍論の場では必ず煩悩が起こるからです。第三には、愚(おろ)かな偏執の心を起こして、自分と異なった見解を持ち、異なった修行をしている別解(べつげ)、別行(べつぎょう)の人に対して、そのようなつまらない修行は止めろと迫るようなことは決してしてはなりません。

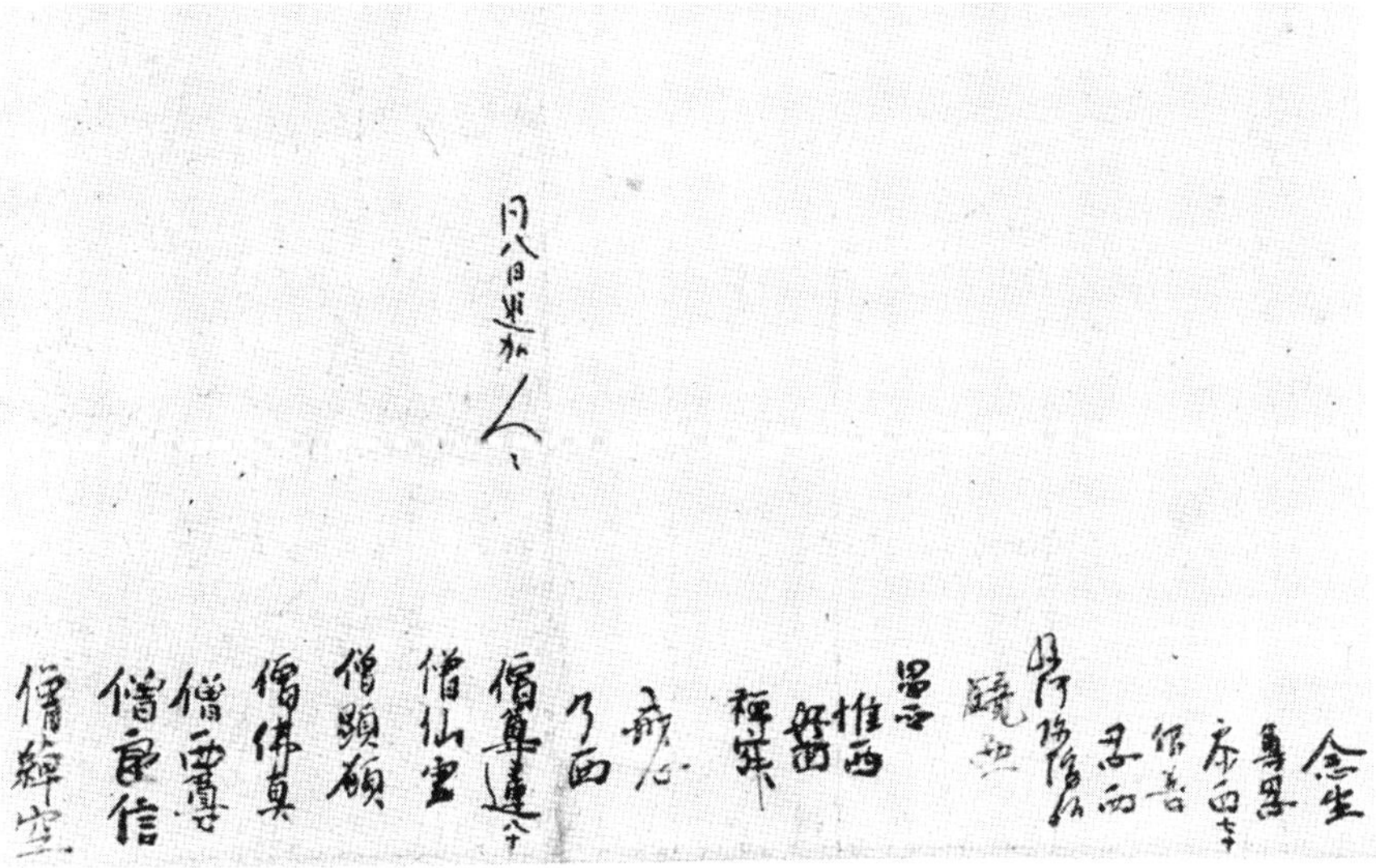

「七箇条制誡」(部分、二尊院蔵)　左端に「僧綽空」の書名がある

第四には、念仏門では戒律を守る必要がないからといって、何をしても構わないといい、性の倫理を破り、飲酒・食肉を勧めたり、戒律を守って、厳粛な生き方をしている人に対して雑行の行者で、往生できない者だと貶し、本願を信じる者は、悪を造ることを恐れてはならないなどと邪見な教えを説くことは決してしてはなりません。第五には、是非の判断もつかない愚かな者は、必ず聖教の指南を仰がなければならないのに、聖教を読みもせず、師匠の教えと違った勝手な私見を主張して世間の人々を惑わし、智者には嗤われるようなことは決してしてはなりません。

第六には、仏法の正しい道理を正式に学んだこともない愚かな者が、妄りに唱導（説教）を行い、まことしやかに邪道を説いて、世間の人々を惑わすことは許されないことですから決してしてはなりません。とくに己の才能をひけらかし、名誉欲と財産欲を満足するために浄土の教えを芸能化し、真実の教えをゆがめ、世間の人を惑わすことは謗法（法をあざむく）の罪であって、もっとも重い罪を犯していることになります。第七には、自分勝手に仏教でない邪法を説きながら、それを正法であるといいはり、しかもこれは師匠（法然）の説であるといって、人々を偽るようなことは決してしてはなりません。

おそらくこの七箇条は、比叡山から法然聖人一門に加えられた論難を色濃く投影していたものに違いありません。後に出される『興福寺奏状』と通ずるものが多いことから見ますと、単に比叡山からの非難だけではなく、奈良の興福寺をはじめとする、当時の仏教界全体からの非難であったことがわかります。

興福寺奏状①

興福寺と貞慶上人

比叡山延暦寺から法然聖人とその一門に加えられた糾弾（きゅうだん）は、聖人の申し開きと、前関白（さきのかんぱく）藤原兼実（かねざね）の取りなしもあって、鎮静に向かいました。しかし奈良の興福寺を中心とした南都の諸大寺からの非難の声は日増しに強くなり、ついに元久（げんきゅう）二年（一二〇五）十月には、興福寺から、仏教全体の総意を代表するもの（八宗同心（はっしゅうどうしん）の奏状）であるとして「興福寺奏状（こうふくじそうじょう）」が朝廷（ちょうてい）へ送られることになったのです。

興福寺は藤原氏の氏寺（うじでら）であり、南都の七大寺を代表する寺として平安時代から鎌倉時代にかけて繁栄を極めていました。ところが、明治のはじめに政府が行った廃仏毀釈（はいぶつきしゃく）（仏教排斥運動）の嵐に巻き込まれて寺は荒れ果て、わずかに観音の霊場として庶民の信仰を集めていた南円堂（なんえんどう）や東金堂それに五重塔を遺すばかりでした。近年、中金堂をはじめとする諸堂の復興計画が進行中で、まことに有り難いことです。

そんな状態ですから、平安時代から鎌倉時代にかけての全盛期の興福寺は私どもには想像もできません。ちょうど「興福寺奏状」が朝廷へ提出されたころの興福寺は、鎌倉幕府から大和一国の守護職に任じられており、寺内には学僧の外に、行政や宗教行事の実施に従事し、ときには武力行動も行う六方衆や堂衆など合わせて三千人が住んでいたといいますから、想像を絶する巨大寺院でした。奈良は興福寺の門前町として発展した街だったのです。それだけに興福寺が全仏教を代表するとうたって朝廷へ提出した「興福寺奏状」には大変な力があったのです。

「興福寺奏状」を起草した人物は、解脱房貞慶上人（一一五五～一二一三）でした。貞慶上人は、当代きっての唯識学者であり、戒律の復興を通して仏教を再興することに生涯をかけていた厳しい修行者でもありました。父は少納言藤原貞憲ですから、黒衣の宰相といわれ、平治の乱で死刑になった藤原信西入道通憲（一一〇六

奈良・興福寺東金堂

〜一一五九）の孫に当たり、法然聖人と親交のあった遊蓮房円照上人（一一三九〜一一七七）や、高野の蓮華谷聖と仰がれた明遍僧都（一一四二〜一二二四）、安居院の澄憲法印（一一二六〜一二〇三）らは叔父に当たりました。したがって澄憲の長男で親鸞聖人と親交のあった安居院の聖覚法印（一一六七〜一二三五）は従弟に当たっていました。

貞慶上人がただの学僧ではなく、世俗の名利を捨て、ひとすじに生死解脱を求めていった修行者であったことは、著書の『愚迷発心集』のなかに読み取ることができます。しかし彼の信仰は、法然聖人や親鸞聖人のような、一心に一仏に帰依し、一行を専修するというような「専修」の形態とはおよそ反対の立場をとっていました。いわば雑心をもって雑行を雑修するという典型的な「雑修」という形態をとっていたわけです。

『唐招提寺釈迦念仏願文』に見られるように彼には釈尊を追慕する心が深く、釈迦念仏を称えているほどですから、やはり釈迦信仰が中心だったといえましょう。その意味でのちに『摧邪輪』三巻などを著して、法然聖人の『選択集』を厳しく論難した栂尾の明恵上人高弁と同じ信仰形態を持っていたようです。釈迦信仰は必然的に釈尊の後継者とみなされていた弥勒菩薩信仰につながっていきます。彼が学んでいた法相宗の祖であり興福寺の本尊でもあった弥勒菩薩に対して厚い信仰を持っていたことは、彼が著した『弥勒講式』を見れば明らかです。それだけではなく、『観音講式』を著しているように観音信仰も持っており、さらに亡くなる一カ月ほど前の法語を記録した『観心為清浄円明事（心を観じて清浄円明たること）』には、臨終には阿弥陀仏の来迎を期待し、阿弥陀仏の浄土への往生を願う浄土願生の思いも綴られていました。

　また日本の神々は、その本地をいえば仏菩薩であって、仏菩薩が日本の人々に仏縁を結ぶために、仮に神々となって現れてこられたのだという、当時流行の本地垂迹を信じていました。そして藤原氏の氏神である春日大社をはじめ、神々に対する崇敬の念の大変強い人でした。こうした信仰と実践を続けてきた貞慶上人にとって、阿弥陀仏以外をたのまず、阿弥陀仏の名号を称える称名以外は往生の業因ではないといいきり、念仏以外を心にかけず、阿弥陀仏の浄土以外は願わないといった、法然聖人の教えは、納得できないばかりか生理的な嫌悪感を生ずるものだったと思います。

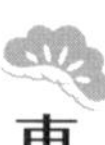

専修念仏の九箇条の過ち

「興福寺奏状」は、はじめに興福寺の僧綱（僧正、僧都、律師）の名で、「誠に恐れ多いことながら、天皇のご裁決によって、源空が勧めている専修念仏の過ちを糾し改めさせてくださるように謹んで申し上げる」という言葉ではじまっています。そして源空（法然聖人）が説いている専修念仏の教えには以下に述べるような九箇条の過ちがあって、到底まともな仏教とは認めることができないといって、その一つ一つを簡潔に説明しています。そして最後に「副進奏状」一通が添えられていました。

　その「副進」には次のようなことが書かれています。

「この奏状を進上しなければならなかった理由は、源空が専修念仏の一門に偏執して八宗（倶舎宗、成実宗、三論宗、法相宗、華厳宗、律宗、天台宗、真言宗）を滅ぼそうとしているからです。それはもう天魔の仕業としかいいようがありません。そこで興福寺だけではなく八宗（全仏教）が心を同じくしてこの奏状を進上する次第です。ところでさきに諸宗同心の奏状を進上しようとしたところ、いち早く源空は怠状（詫び状）を提出し恭順しているから、心配には及ばないという院宣（上皇のお言葉）を賜ったので控えていましたが、諸宗の宗徒は、かえって反感をつのらせていました。ところが聞くところによると、源空の門弟たちは所業を改めるどころか、『源空上人のお言葉にはみな裏表がある。表むきは恭順を表しておられるが、内心は今までと少しも変わっておられないから、今までどおりに念仏一行の伝道を勧めるべきである』といって、すこしも邪見を改めようとはしていません。ですから、源空の怠状は全く信用ができません。ことここに到っては、朝廷は、わたしどもの訴えを受け容れていただいて、五畿七道（日本全土）から専修念仏の邪教を追放し、源空ならびに弟子たちに相応の罪科を行じていただくならば、仏法を破滅させ国を乱そうとしている邪執はなくなり、還ってまことの念仏の教えも明らかになり、仏法は栄えて、国も治まるにちがいありません」。

ここで法然聖人が怠状（詫び状）を提出されたというのは、元久元年十一月七日に延暦寺の真性座主に送られた誓文を指していたと思います。

興福寺奏状②

九箇条の過ち――第一から第三

「興福寺奏状」の本文には、法然聖人とその門弟が犯している罪状として「九箇条の失」が挙げられています。詳しく紹介することはできませんが、その概要だけ挙げておきます。

∴「新宗を立つる失」

第一は、「新宗を立つる失」です。「我が国には、奈良時代までにすでに三論宗、成実宗、法相宗、倶舎宗、華厳宗、律宗という六宗が中国から伝えられており、平安時代のはじめには天台宗と真言宗という二宗が伝教大師と弘法大師によって中国から伝えられていて、その後今日まで新しい宗を立てる者がいなかったわけだが、それはこれらの八宗によってインドから中国へと伝わった仏教はすべて尽くされているからである。然るに今、法然は中国へ留学して師匠から目の当たりに法門の伝授を受けたわけでもなく、インド以来のはっきりとした伝統相承もない「浄土宗」という一宗を勝手に開き、それも朝廷の許可を得ずに、新しい宗団を造っている。これは仏法からいっても、国の決まり（律令）に照らし合わせても明らかに違法であるから、廃止させるべきである」と告発しているのです。

しかし法然聖人が立教開宗されたのは、阿弥陀仏の選択本願の教法であって、教団ではありませんでした。従来の自力聖道門の教法の外に、本願他力による阿弥陀仏の救いの道があると「往生浄土を宗とする教え」を独立されたのです。本願を信じ念仏する者を救って浄土へ往生させてくださるのは阿弥陀仏の本願力であって、朝廷の許可を得なければならないものではありません。念仏者は、社会的な階層を超えて、平等に、一人一人が如来の教法に喚び覚まされて、往生人としてめざめていくという個人の救いをめざす教えを浄土宗と呼ばれていたわけです。

法然聖人や、後に親鸞聖人が浄土真宗と名づけられたのは、どこまでも教法の名前であって、教団の名前ではありません。法然聖人にせよ、

奈良・興福寺南円堂

親鸞聖人にせよ僧侶としては天台宗の沙門であって、浄土宗とか真宗という「教団」の僧侶ではなかったわけです。多くの僧侶や信者を一つの主要寺院を中心にして組織し、寺領荘園（領地）を経営する社会的な勢力としての「浄土宗教団」を造るというのならば、国家（朝廷）の認可も必要ですし、それなりの法的な措置を取らねばなりません。そうすることによって宗教教団としての特権も認められるからです。しかし法然聖人はそのようなことは全く考えられてはいませんでした。

選択本願を宗旨とする浄土宗という教法は、根源的には如来の本願によって立つものであり、釈尊と善導大師をはじめとした仏祖の権威によって成立するものだったのです。律令体制下の教団的な発想しかできなかった「興福寺奏状」を起草した貞慶上人には、教団以前の純粋な立教開宗の意味が理解できなかったから、「新宗を立つる失」というような非難を加えたのでしょう。

∵「新像を図する失」

第二は、「新像を図する失」です。これは専修念仏の伝道者（勧進聖）のなかには、「摂取不捨曼荼羅」と呼ばれる絵像を道場に掛けて、いい声で節を付けて絵の説明をする、絵解き（絵説き）という伝道を行うものがあり、それが文字もわからず、難しい教理も解らない庶民大衆に対して絶大な伝道効果をあげていたことに対する反発です。「奏状」にはその模様を、「近来、諸所で一の画図をもてあそぶ。世に摂取不捨曼陀羅と号す。弥陀如来の前に衆多の人あり、仏より光明を放つも、その種々の光の、あるいは枉りて横を照らし、あるいは来たれども、本へ返るあり。これは顕宗の学生や、真言の行者を本として、その外、諸経を持つものや、神呪を誦するものや、自余の善根を造る人なり。その光の照すところは、ただ専修念仏の一類のみなり」といっています。

鎌倉時代の「摂取不捨曼荼羅」で現存しているものはないようですが、しかしこの説明文で大体のことはわかります。大きな掛け軸の真ん中に阿弥陀仏の立像が描かれ、その全身から四十八本の金色の光明が放たれていたようです。しかし普通の絵像と違って、阿弥陀仏の前にさまざまな人の姿が書かれているというのです。そのなかで、明らかに顕教である天台宗や法相宗の学僧や、密教である真言宗の修行者とか、呪文を称えたり、さまざまな修行をして往生を願っている「聖」たちのところでは、光は横にそれたり、その前で光が反転して、彼らは光の外にはじき出されているように描かれているというのです。それに引き替え、ひたすら念仏している人の処では、光明は、出家、在家を簡ばず、男女を簡ばず、農業をする人も、商人も、漁猟をしている人も、みな分け隔てなく光のなかに包摂し、守っておられるというふうに描かれていたというのです。これは明らかに『観無量寿経』の「念仏衆生、摂取不捨」の文意を、善導大師が『観念法門』のなかで、

ただもっぱら阿弥陀仏を念ずる衆生のみありて、かの仏の心光つねにこの人を照らして、摂護して捨てたまはず。すべて余の雑業の行者を照摂することを論ぜず。

と釈されたこころを図像化したものでした。現実の社会では、人間としての存在さえも認められないほど抑圧されていた民衆や、民間宗教家として生きていた「聖」たちが、念仏者になることによって、如来の光のなかに摂取され、真の仏弟子として如来から称賛されている。それにひきかえ南

都・北嶺の学僧たちは、如来の光の外に除外されていると描かれたこの「絵像」は、専修念仏者の既成の仏教に対する大胆な挑戦であると受け取られたのでした。だから後には明恵上人の『摧邪輪』にも、無住禅師の『沙石集』などにもとりあげられ、はげしく非難されたものでした。

∴「釈尊を軽んずる失」

第三には、「釈尊を軽んずる失」という非難を挙げています。「「それ三世の諸仏は、慈悲ひとしといえども、一代教主の恩徳はひとり重し」といい、浄土を捨てて濁悪の娑婆へ現れて、私どもを御教化くださる釈尊はどの仏陀にもまして有り難い存在である。しかるに専修念仏の行者は、阿弥陀仏以外の余仏を軽んじ、釈尊の御名を讃えて恩徳を報じようともしない。娑婆の本師である釈尊の名すら忘れた憐れむべき忘恩の徒である」と非難するのです。

しかし法然聖人の釈尊観は、聖道門の教主としての面と、浄土三部経の教主として、選択本願念仏の一道を勧めたまう発遣の仏としての両面を見ておられました。そして釈尊のご本意は自力聖道を捨てて、他力浄土に帰せしめていくところにあるとして、招喚の救主阿弥陀仏に対して、弥陀念仏の一道を教える発遣の教主として釈尊を崇めていかれたことはいうまでもありません。

興福寺奏状③

九箇条の過ち――第四・第五

∴「万善を妨ぐる失」

『興福寺奏状』が法然聖人を非難した第四は、「万善を妨ぐる失」というものでした。『奏状』によれば、「経典に説かれているすべての善は、釈尊が永劫にわたって難行苦行を重ね、それが成仏に至るための道であることを確かめられたものであって、それをそれぞれの修行者の能力に応じて実践させ、解脱へと導くものである。それは病に応じて薬を与えるようなものであるから、さまざまな行が用意されているのである。然るに法然は念仏の一行に偏執して、せっかく釈尊が用意してくださった万善諸行を捨てさせたことは、まさに仏法を謗るという極重の罪を犯したことになる」というのです。

しかし法然聖人は、単に万善万行は無意味であると捨てたのではありません。さまざまな善を積み重ね、少しでも自身を浄化したいと願いながらも、次々とわき起こってくる妄念煩悩のために、わずかばかりの善根も功徳も奪い取られ、かえって罪業のみが重く積もっていく凡夫の現実を悲しんでおられたのでした。その意味では万善万行から見捨てられているのは私ども凡夫だったのです。そしてその凡夫であることの悲しみと痛みを、自らの悲しみとして痛みたまう阿弥陀仏の大悲のましますことを、その本願のなかに聞き開かれたのが法然聖人だったのです。

弥陀如来は因位のとき、もはらわが名をとなえむ衆生をむかえむとちかひたまひて兆載永劫の修行を衆生に廻向したまふ。濁世のわれらが依怙、生死の出離、これにあらずは、なにをか期せむ。これによりてかの仏はわれ世にこえたる願をたつとなのり給へり。（『三部経大意』）

といわれています。阿弥陀如来は、ひとすじに名号を称えるものを浄土へ迎え取ろうと誓願されていますが、それは自身の力で修行を励んでさとりに向かうことのできない、万善万行に見放された凡夫を救うためだったのです。すなわち阿弥陀如来は永劫の時をかけて衆生に代わって万善万行を修行し、成就された無量の功徳を南無阿弥陀仏にこめて、衆生に施し与えて、浄土へ迎え取ってくださるのです。五濁悪世に生きる、煩悩具足の私どもの生死の依りどころは、ただこの本願を信じて、名号を称えるほかにありません。だから阿弥陀仏は「重誓偈」に「われ世にこえたる願をたつ」といわれているのです。

阿弥陀仏の本願があらゆる如来の本願に超え勝れた「超世の願」であるといわれるのは、煩悩具足の衆生を洩らすことなく往生させる大道を完成するという、どの如来も実現できなかった救いの法を実現されたからでした。それは万善諸行を修行し、自身を浄化して浄土に生まれてきなさいという本願ではなく、万善諸行は私が代わって成就した、その結晶である南無阿弥陀仏を往生の業因として与えるから、受け取って往生してきなさいという本願だったからです。そのように衆生に代わって万善万行を完成し、それを衆生に与えて、往生の因徳となし得るのは、自他一如、生仏一如といわれる真如法性そのものが阿弥陀仏の因果となって顕現しているからであるということを見事に論証していかれたのが親鸞聖人の『教行証文類』だったのです。

∴「霊神に背く失」

『興福寺奏状』の第五は、「霊神に背く失」です。そこには、

念仏の輩は、永く神明と別る、権化と実類を論ぜず、宗廟大社を憚らず、若し神明を恃めば必ず魔界に堕すと云々。実類の鬼神においては置きて論ぜず。権化の垂迹に至りては、すでにこれ大聖なり、上代の高僧みなもって帰敬せり。

という言葉ではじまって、法然門下の専修念仏者たちが、ただ弥陀一仏にのみ帰依して、神々を帰依の対象として崇めないのはまことにけしからんといって非難攻撃をしているのです。

「専修念仏者たちは、我が国の神々と袂をわかっている。そもそも神々のなかには「権化の霊神」と「実類の鬼神」とがあるが、それを分けることも知らず同じように捨ててしまっている。天皇の祖先神である皇大神宮や、藤原氏の氏神である春日大社や、その他多くの宗廟大社の神々の本地が仏であり菩薩であることを知らず、畏れ慎むこともせず、神々を恃む者は魔界に墜ちるなどといっているようだが言語道断である。怨霊や、畜生などを神として祀っている実類の神は論外であ

るが、仏や菩薩が仮にこの国に神として現れて、人々に仏縁を結んでくださっている権化の霊神は、もともとその本地は仏菩薩なのだから、仏教徒が帰依し尊敬するのは当然である。すでに伝教大師や、弘法大師をはじめ上古の高僧たちもみな神々に帰依し、尊敬されていたではないか」というのです。

念仏者が神々を崇めないのはけしからんという非難が仏教教団から起こってきたところに、仏本神迹の本地垂迹説という神仏習合思想のうえに立っていた、当時の南都北嶺の旧仏教の体質を見ることができます。そしてまた、法然聖人の専修念仏が従来の日本仏教と本質的なちがいがあったことが見えてきます。

例えば、真宗門徒がキリスト教の神を信

鹿島神宮（茨城県鹿島市）

じないのは仏教徒として不都合であると、天台宗や法相宗の学僧から非難を受けるようなものですから、まことに不自然な非難であるといわねばなりません。しかしこのような非難を正当化する理論が仏本神迹の本地垂迹説だったわけです。すなわち神々を実類の鬼神と権化の霊神に分け、実類の鬼神は本地垂迹説の枠外とし、権力者の祖先神とか、権力者と密接な連携を取っている神々の本地を特定の仏、もしくは特定の菩薩と定め、それを「権化の霊神」とよんでいるのです。その本末関係は、多くは氏寺の本尊とその氏神とか、神託、霊告などで決められることが多いようです。ともあれ、このように神祇を権化の霊神と実類の鬼神に分類したのは『興福寺奏状』が最初ではないかといわれています。

仏教にとっては異教の神々を本地垂迹という巧妙な理論で仏教のなかにとりこみ、在来宗教（神道）と渡来宗教（仏教）との宗教政治的融合をはかったことは、確かに仏教が日本に土着するのに大きな貢献を果たしたと思います。しかし逆に仏教を純化しようとしたとき、それが迫害の論拠になったということはまさに皮肉というべきでしょう。親鸞聖人が基本的には仏本神迹の本地垂迹説を用いないで、護法善神説を用いて仏教と神祇との関係を見ていこうとされたのは、本地垂迹説が専修念仏の息の根を止めようとして迫ってきた危険な思想だったからでしょう。

興福寺奏状④

本願の救いの本質とは

∴「浄土に暗き失」

『興福寺奏状』の第六に、「浄土に暗き失」という批判があります。「『観無量寿経』をはじめ多くの経典や祖師方の聖教や伝記に、諸々の善行を積み重ね、善人になって浄土往生を求めることこそ正しい往生の道であると説かれている。しかるに法然はそれを無視して、勝れた諸行を捨てて、劣行である称名ばかりを勧めている。法然のいっているようなことは、どの経論のなかにも説かれていないばかりか、法然が拠り所としている曇鸞・道綽・善導さえもいわれていない邪説である。とくに法然は、念仏さえ称えればどんな愚かな者であっても、極悪の者であっても、大菩薩でなければ感得できない高妙なさとりの領域である報土に往生し、善人も悪人も同じ果報を得るといっているが、それは自業自得という正しい因果の道理に背く邪見である」と主張しています。

例えば宮廷で論功行賞を行うときには、その人の功績に応じて賞を与える、これが平等の道理である。功績のないものにも、功績のあるものと同じ賞を与えるということは、功績のある人の功を無視することであり、それは明らかに不公平であり、平等の道理に背いているというのです。だから『大無量寿経』にはその行者の行いによって上輩、中輩、下輩という三輩に分かれるといわれており、『観無量寿経』には三輩の一々をさらに上、中、下に分けて、上品上生から、下品下生まで九品（九種類）に開かれている。この世での善業、悪業の程度に応じて往生後の果報にも上下九種類の隔てがあるというのです。それこそ仏界平等の道理にかなった経説であるといわねばならない。この道理を否定する法然の教説は、「偏に仏力をたのみて、涯分を測らざる、これすなはち愚癡の過なり」と非難しています。「阿弥陀仏の力ばかりをたのみにして、身の程も弁えずに高望みをしている愚か者である」と、きびしく非難しています。

さすが解脱上人貞慶だけあって、法然聖人の教学の特色を摑んで批判しています。しかし法然聖人の教えは、貞慶上人がいうような論功行賞的な、自業自得の因果論を根底にした救済観を超えたところから出発していたことを知らなかったのです。したがって貞慶は、悪を止めて善をなし、自らを浄化することによって、さとりを完成して仏になるという聖道門の論理をもって、それとは全く違った救済観の上に立っている浄土門を論難しているだけであって、全く当たらない論難だったのです。浄土門には浄土門の論理があることを知らないばかりか、知ろうともしない無知と怠慢のなせるわざであるというのが親鸞聖人の逆批判だったのです。『教行証文類』の後序に、承元の念仏弾圧に思想的な根拠を与えた貞慶をはじめとする、聖道門の学僧や、それに同調している朝廷の官僚たちを指して、「諸寺の釈門、教に昏くして真仮の門戸を知らず、洛都の儒林、行に迷ひて邪正の道路を弁ふることなし」と厳しく弾劾されたのでした。聖道門的な論功行賞の発想にたつ救済論では、決して阿弥陀如来の本願の救いに遇うことはできないからです。

それでは本願の救いの本質は何かといいますと、自他一如のさとりの必然として如来の側から恵み与えられるものなのです。無明に閉ざされ、煩悩にまつわられて生きる凡夫が造ったなけなしの功徳に対する褒章として与えられるようなものではありません。法然聖人は『選択本願念仏集』の本願章に、阿弥陀如来が自力の諸行を選び捨てて、念仏の一行を選択されたこころを述べて、

> しかればすなはち、弥陀如来、法蔵比丘の昔、平等の慈悲に催されて、あまねく一切を摂せんがために、造像起塔等の諸行をもつて、往生の本願となしたまはず。ただ称名念仏の一行をもつて、その本願となしたまへり。

といわれています。如来は平等の慈悲に促されて、一方的に立ちあがって称名という勝易具足の行

法然聖人像（七高僧絵図より）

を衆生救済の法として選び取られたのでした。その根源は衆生の痛みを自身のこととして痛み、衆生の安楽を純粋に願いたまう大慈大悲の心であり、その自ずからなるはたらきとして、善悪・賢愚を隔てなく救う行法を選択されたといわれているのです。この選択の願心に喚び覚まされて、「弥陀の誓願不思議にたすけられまゐらせて、往生をばとぐるなりと信じて念仏申さんとおもひたつこころ」が起こってくるのです。それを親鸞聖人は「信楽を獲得することは、如来選択の願心より発起す」といわれたのでした。

医者が病人を救うように

こうした本願の救済を語られるとき、しばしば医者が病人を治療していくありさまや、溺れているものを救う場面を例として出されています。親鸞聖人が「信文類」に『涅槃経』の梵行品から、七人の子供を持った親の喩えを引かれるのはその典型的なものでした。親の慈悲は七人の子供に平等にかけられているけれども、そのなかに一人でも重い病にかかった子供があれば、健康な子供は傍らに置いておいても、重い病にかかった子供の介護に全身全霊をあげてかかりっきりになるのが親の慈悲心の切ない姿であるというのです。善人という心の健康な者よりも、悪人という心の病の重い者に、心の医者である如来の救済活動が強く深くかかわっていくのは、大悲の自然であるといわれるのです。あるいは善導大師が、水に溺れているものと、岸にいるものとでは、どちらをさきに救うかといえば、今現に深みに落ちて溺れているものからさきに救いの手をさしのべるのは当然であるといい、「諸仏の大悲は苦あるひとにおいてす」といわれたことは有名です。

このような喩えがしばしば用いられているということは、法然聖人や親鸞聖人が阿弥陀仏の救いを考えられるときに、どのようなモデルで考えられたかということがわかりましょう。つまり論功行賞的な論理で考えられたわけではなくて、医者が病人を救う治病の論理で考えていかれていたことは明らかです。医者が病人を救護するときには、病人の国籍とか、社会的な地位の上下とか、富めるものか貧しいものかといったことは全く問題にしてはなりません。ただ病める人の苦痛に共感し、その苦痛を取り除くことにかかりはてるのが医者の使命なのでしょう。

それと同じように如来が、十方の衆生に救いの手を差し延べられるときには、国籍とか、社会的地位とか、貧富などは一切関係がないばかりか、その人の功徳の有無、罪障の有無も問うことなく、その人が煩悩の病に苦しんでいるというただそれだけで救いの手をさしのべていかれるのです。この場合救うとは、その人を煩悩の苦海からすくい上げて、二度と煩悩に狂わされることのない健全なさとりの身にしていくことでした。そのために、まず自身が浅ましい煩悩具足の凡夫であることを気づかせて慚愧する身に育て、本願の念仏という起死回生の妙薬を飲ませていくことが第一だったのです。これが本願力の自然として与えられる阿弥陀仏の救済だったのです。

法難の足音①

朝廷の困惑のなかで

興福寺からの訴状を受け取った朝廷は、その応対に困惑しています。資料不足のために詳しいことはわかりませんが、その一端は三条長兼の日記である『三長記』によって知ることができます。三条長兼は、権中納言藤原長方（葉室家）の次男で、母は少納言藤原通憲（信西入道）の娘でしたから、『興福寺奏状』を書いた解脱上人貞慶や、法然聖人の弟子であった聖覚法印とは母方の従弟にあたります。また九条家の家司でもありましたから、前関白・藤原兼実と、その次男で、すでに摂政になっていた藤原（九条）良経に仕えていたのです。兼実は建仁二年（一二〇二）、法然聖人の弟子となって得度していましたから、法然聖人を擁護されていたことは周知のことでした。

さて長兼は『興福寺奏状』が朝廷に上奏された元久二年（一二〇五）の冬には、蔵人頭・左中弁を勤めていましたから、奏状を審議して、院宣の草案を作らねばならない地位にあったわけです。そのような長兼の日記ですから、『三長記』は大変貴重なものですが、残念ながら、建永元年（元久三年）十一月までの、それも残片的な記述しか残っていません。一番知りたい建永二年（承元元年）の一月から三月にかけての「承元の法難」のときには、すでに参議に昇進しており、当事者ではなくなっていましたし、そのころの日記も残っていないのが残念です。それでも現存している記述だけでも多くの重要なことを知らせてくれます。

『三長記』に、『興福寺奏状』の件が出てくるのは、元久三年二月十四日の条がはじめです。少し長文になりますが、原文を読み下して引用しておきます。

> 十四日乙丑、陰、新宰相、御教書（院宣なり）を送りて曰わく、法々、安楽の両人、召し出すべし。また高野の悪僧、覚幽は同じく配流さるべき者なり。件の法々、安楽の両人は、源空上人の一弟なり。安楽房は、諸人を勧進す。法々房は、一念往生の義を立つ。よってこの両人を配流せらるべき由、

御所の仁寿殿で専修念仏について評定する公卿たち（『御絵伝』）

山階寺の衆徒これを訴え申すによって、この沙汰に及ぶか。その操行においては、たとひ不全なりといえども、勧むるところ、執するところは、ただ念仏往生の義なり。この事によって罪科を行なわる。痛哭すべし。痛哭すべし。このときにあたりてこの事を奉行す。先世の罪業のしからしむるか。但し山階両（寺か）衆徒、殊にこの訴訟を成す。もし神慮に背くによらば、春日大明神の咎あらんか。

これによって、山階寺、すなわち興福寺からの奏状を承けて院の庁からは、法然聖人門下の法本房行空（法々房といっているのは法本房の間違いです）と、安楽房遵西の両名が、高野の悪僧覚幽（この人物は専修念仏とは全く無関係の罪によって配流される人です）と同じく、流罪に処するために召し捕るようにという勅命が、口頭で長兼のところへ届いたようです。いわゆる口宣です。

その罪状は、安楽房遵西は、多くの人々に専修念仏の教えを勧進（布教）した罪によるというのでした。そして法本房行空は、一念往生の義を立てた罪によるというのです。一念往生の義というのは、後にまた詳しく解説しなければなりませんが、本願の念仏をわずか　声称えただけでも往生は決定するという行の一念義と、本願を信じるばかりで、即座に往生が定まるという信の一念義がありました。行空の説が行一念義か信一念義かを正確に知ることはできませんが、いずれにせよ阿弥陀仏の本願力を信じて念仏する者は、摂取不捨の利益にあずかって臨終を待たずに、平生の時に往生が定まるという平生業成説を唱えたことは間違いありません。安楽房と、法本房についてはまた後に詳しく触れることにします。

見抜かれていた法然教団の中核

二月十六日から十八日にかけて、長兼は、良経をはじめ、諸卿に念仏停止の口宣について意見を伺っています。そして十九日には、『法華経』供養の導師を勤めるために上京していた解脱上人貞慶に、口宣のことについて内々に意見を聞いています。彼の答えは、興福寺の衆徒は、あくまでも源空と、その主だった弟子を処刑して、専修の集団をなくすことを求めているのであって、弟子二人を処分しただけで幕引きをするような緩やかなことでは納得しないだろうということでした。

その翌日、二月二十日には、興福寺の寺務を司る地位にある五人の僧侶（五師）と、寺院の僧侶を統率する上座、寺主、都維那といった三綱と呼ばれる人々が、摂政の良経に直訴をしようとして訪れたが、そういうことは氏院（氏寺）の別当である長兼に言えと門前払いされています。そこで二十一日には興福寺の五師三綱たち十人が長兼を訪ねてきて、次のように訴えています。

「源空は仏法の怨敵である。その子細は度々申し上げたとおりである。だから源空自身と、弟子の安楽、成覚、住蓮、法本等は罪科を行じられるべきである。源空は、〈私は諸教を謗るようなことはしません〉と起請文まで書いていながら、その後も諸宗を謗ることを止めていない。これは明らかに違勅の重罪を犯している証拠である。それにこのたび宣下された口宣のなかに、〈源空上人〉とあるが、上人とは智徳兼備の者に与える尊称で、源空のような、僻見、不善の者を呼ぶ言葉ではないから改めてもらいたい。

また偏見、邪執は〈門弟の浅智より起こる、源空の本懐に背く〉といい、〈漫りに誘諭の輩に制罰を加うることなかれ〉といわれている。すなわち偏見、邪執は弟子たちが誤って起こしたもので、そのような弟子を諭し導いている源空に罰を加えることはできないと源空を護る口調である。しかし偏見、邪執の根源は源空にあるのであるから、このような口宣は受け容れられない。また口宣のなかに〈念仏宗〉と〈宗〉の字が用いられ、〈専修名号〉と〈専修〉の語が用いられている。これでは朝廷が念仏宗を公認し、専修という偏執の邪教を認めたことになるから、改めていただきたい」。

このように強硬な意見を述べて帰ったといわれています。

要するに五師三綱たちは、『興福寺奏状』にそって、法然聖人をはじめ、安楽房、法本房、成覚房、住蓮房たちの実名を挙げて、彼らを処刑し専修念仏宗団を廃絶せよと圧力を加えていたことがわかります。南都・北嶺の指導者たちは、法然教団の信仰と伝道の中核がどこにあるかをはっきりと見抜いていたのです。やがて起こる承元の法難で死刑になり、遠流の刑に処せられる人々の名前は一年前の時点で、すでに彼等のブラックリストに明記されていたのです。

法難の足音②

行空と遵西

『三長記』によれば、元久三年二月三十日、とりあえず法本房行空と安楽房遵西の両人は「念仏を弘通するために、諸仏諸教を謗った」罪により、処罰するから、明法博士に命じて、罪名を勘がえさせよ、という宣旨が後鳥羽上皇から長兼のもとへ届きました。それは、

元久三年二月三十日　宣旨

沙門行空、忽ち一念往生の義を立て、故に十戒毀化の業を勧め、ほしいままに余仏を謗り、その念仏行を勧進す。沙門遵西、専修に隠れて、余教を毀破し、邪執にまかせて衆善を遏防す。宜しく明法博士に件の二人の罪名を勘申せしむべし

蔵人頭左中弁藤原長兼

件の両人、遵西は安楽房なり。行空は法本房なり。行空に於てはことに不当なるによって、源空上人一弟を放ち了る。

というものです。ここでは行空は、一念義を唱えて偏執がもっとも激しく、戒律は無用であるとい

って大乗戒のなかでももっとも重い十重禁戒を捨てさせたというので、激しい非難を受けており、法然聖人から破門に処せられたといっています。しかし行空を破門させよという要請はあったでしょうが、破門を実行されたかどうかはわかりません。遵西は、専修の名に隠れて浄土宗以外にさとりの道はないといって余宗を謗り、阿弥陀仏も釈尊も自力の諸善を捨てられたといって人々の善行を遮りやめさせていると非難しています。一念義については後に詳しく述べることにします。

このあと次第に法然聖人に不利な状況が出てきます。先に一言したように長兼は、九条家の家司を勤めていた関係で、九条兼実や、その次男で太政大臣にまで上った次男の九条良経の意向を強く受け、できるだけ法然聖人に罪科が及ばないようにと苦心をしていたよ

安楽房遵西ゆかりの京都鹿ヶ谷・安楽寺（京都市左京区）

うです。兼実自身はすでに隠居し、出家までしていましたから、宮廷を動かす力はありませんでした。しかし良経が太政大臣まで上り、この時点では摂政に任じられていたことは、宮廷に強い味方がいたことになるわけです。しかし良経は残念なことにこの直後の元久三年三月七日、わずか三十八歳という若さで突然死を遂げたのでした。その死因については当時からいろいろな噂が飛んだようですが、叔父に当たる慈円が『愚管抄』に「やうもなく寝死せられにけり」といっていますから、心臓発作かなにかで寝たまま亡くなったようです。とにかく突然死であったようです。さらに三条長兼自身も、この年参議に任じられて当事者ではなくなったわけです。ですから宮廷で法然聖人に好意的な勢力は急速に衰えたことは確実です。

諸卿の意見

六月十九日、上皇は、先に示した行空と遵西の処分について諸卿の意見を聞くようにと長兼に命じられました。すなわち「法然上人の門弟たちが、諸宗を誹謗して、念仏以外の余行は生死出離の要行にはならないから、これを捨てて称名のみを行えと勧めたために、仏法が衰微していると、興福寺から訴えがあったので、法然上人の門弟等を処罰する宣旨を下そうと思う。しかしこの宣下によって念仏が衰微したならば、これも罪業になるから、どうすればよいか意見を述べよ」というのです。

それを承けて六月二十一日、長兼は諸卿に専修念仏の処分についての意見を求めています。まず中山入道関白（藤原基房）は次のような意見を述べています。この宣旨はこれで良いと思うが、もし念仏停止の宣旨が出たことによって、一人でも念仏の信心を翻すような人が出たならば、罪業を犯したことになるから、慎重にことを進めなければならない。そこでまず東大寺の勧進上人（俊乗房重源）と相談し、重源の陳状をもって興福寺と相談したらいいと思う。ただし自分はもう遁世の身であるから、諸卿の意見に従われるのがよい。ただ「（念仏）勧進の輩の偏執は、誠に不足言のことか」と不愉快そうにいっています。

入道左府（左大臣三条実房）の意見は、専修念仏者の偏執の勧進は、過分の聞こえがある（度が過ぎている）から、この宣旨が下されても、まことの念仏が衰微することはないということでした。

東宮傅（頼実）は、確かに偏執の聞こえはあるけれども、勧めている念仏は罪業ではない。念仏停止の宣旨によって念仏の信心を翻す者があれば罪業になるから、よくよく用心すべきであるという意見でした。

右府（右大臣隆忠）は、病気のために意見を申すことはできないということでした。

内府（内大臣）は、宣旨のとおり、興福寺の衆徒の訴えのとおり裁許されるべきで、宣下されても何事もないであろうということでした。

こうして諸卿の意見は専修念仏の勧進には偏執の失があるから、取り締まりはやむを得ないというところに落ち着きそうでした。

しかし、なかなか決択はつかなかったようで、法本房と安楽房に対する処罰の宣下もなかったようです。その証拠に八月五日には、山階寺（興福寺）の三綱が、三条長兼に使者を送って念仏宗の停止の宣旨を早く実行するようにと要請していますから、この時点では院宣は下されていなかったことがわかります。

ただ『三長記』の専修念仏停止に関するものは、この八月の記事で終わっています。長兼自身が栄転したために、この事件の当事者でなくなったからですが、『三長記』の記事そのものも十一月で終わっていますので、建永二年一月に勃発したいわゆる承元の法難（建永の法難）の真相を知ることができないのが残念です。

ともあれ『興福寺奏状』はもちろん、当時の朝廷を動かしていた諸卿たちに共通している専修念仏に対する非難は、「偏執の失」であったことがわかります。たしかに顕教と密教が融合し、日本在来の神々と仏、菩薩を仏本神迹の本地垂迹（仏、菩薩を本地とし、日本の神々をその垂迹と見る）という形で習合させて、神仏一体と見ていた当時の仏教徒からみれば専修念仏は偏執としか見えなかったと思います。なにしろ、阿弥陀仏は称名念仏の一行を選び取り、それ以外の諸善万行は選び捨てられたと言い切る教えだったからです。当時の人々が、それは称名の一行に偏執し、阿弥陀仏一仏に偏執し、西方極楽の一方に偏執した、極めて偏った、いびつな仏教であると受け取ったとしても無理からぬところがあります。しかしそれこそ逆に真実の仏法に気づかない偏執であるというのが、法然、親鸞両聖人の主張だったのです。

法難の顚末①

親鸞聖人による記録

不思議なことですが、承元の法難が起こった正確な日時も、その直接的な理由も必ずしも明らかではありません。さまざまな異説が流れていたからです。しかし親鸞聖人は、『教行証文類』の後跋（後序）の文に、その顚末を述べて、

ひそかにおもんみれば、聖道の諸教は行証久しく廃れ、浄土の真宗は証道いま盛んなり。しかるに諸寺の釈門、教に昏くして真仮の門戸を知らず、洛都の儒林、行に迷ひて邪正の道路を弁ふることなし。ここをもつて興福寺の学徒、太上天皇［後鳥羽の院と号す、諱尊成］今上［土御門の院と号す、諱為仁］聖暦、承元丁卯の歳、仲春上旬の候に奏達す。主上臣下、法に背き義に違し、忿りを成し怨みを結ぶ。これによりて、真宗興隆の大祖源空法師ならびに門徒数輩、罪科を考へず、猥りがはしく死罪に坐す。あるいは僧儀を改めて姓名を賜うて遠流に処す。予はその一つなり。しかれば、すでに僧にあらず俗にあらず。このゆゑに禿の字をもつて姓とす。空師（源空）ならびに弟子等、諸方の辺州に坐して五年の居諸を経たりき。

とはっきりと言明されています。この事件で検挙され、遠流というような死刑に次ぐ重刑に処せられた親鸞聖人自身の言葉ですから、もっとも信用することのできる記録であるといわねばなりません。

これによれば、法然房源空聖人とその一門に対する弾圧は、「承元丁卯の歳、仲春上旬の候」に起こったといわれています。ただし後鳥羽上皇の院政期で、しかも土御門天皇の御代で「丁卯の歳の仲春（二月）上旬」といえば、正確には建永二年（一二〇七）以外にはありません。それを承元という元号を用いられたのは、この年の十月二十五日に「承元」に改元になったからです。親鸞聖人は、その年に改元になりますと、その年全体を改元になった新しい元号で呼ぶという習慣に従って、「承元元年二月上旬」と表記されたわけです。なおこの事件を「建永の法難」と呼ぶ人もあります。

住蓮・安楽ゆかりの鹿ヶ谷に建つ法然院（京都市左京区）

ともあれ念仏弾圧は建永二年二月上旬にはじまったことは明らかで、それは藤原定家の『明月記』によって傍証することができます。『明月記』の建永二年二月九日の条に、「近日、ただ一向専修の沙汰。溺め取られ、拷問せらると云々。筆端の及ぶところに非ず」といっていますから、そのころに、法然門下の専修念仏者たちが検挙されて、拷問にかけられていたことがわかります。

なおこれより前、一月二十四日の条に、定家は頭弁から聞いたこととして「専修念仏の輩の、停止重ねて宣下あるべしと云々。〈そのこと已に軽きに非ず。また子細を知らず。染筆に及ばず〉」と記しています。以前から問題になっていた専修念仏の停止が重ねて宣下されそうであるというのです。その理由は大変重大なことのようであるが、詳しい事情を知らないから、ここには書かないというのです。どうやら宮廷で重大事件が起こっているようですが、詳しい事情は、定家にもわからなかったようです。

法難に対する二つの説

実はこの事件の原因とその真相は、当事者以外には、ほとんど知られていなかったようです。法然聖人の伝記のもっとも古層に属する文献は、醍醐本『法然上人伝記』所収の「一期物語」と、『西方指南抄』中末所収の『源空聖人私日記』ですが、「一期物語」には、「当初、弟子の過によって、讃岐の国に流されるといふことあり」といっています。これによれば門弟たちの不行跡によって引き起こされた事件であって、法然聖人はその余波を蒙って讃岐へ流罪となったただの被害者であると伝えています。しかし『源空聖人私日記』には、南北の碩徳、顕密の法燈、或は我宗を謗ずと号し、或は聖道を嫉むと称す。事の左右に寄せ、咎を縦横に求む。動もすれば天聴を驚かし、門徒に諷諫する間に、不慮の外に忽に勅勘を蒙りて、流刑に行はれ了ぬ。

といわれています。これによれば南都・北嶺の高僧や、顕教・密教の法統を継いだ学僧たちが、源空をはじめその門弟たちは、仏教を謗り、聖道門を嫉んで破壊しようとしていると称し、さまざまな罪を言い立ててほしいままに宣伝した。それが天聴（上皇の御耳）にまでとどき、門弟の行動を非難しているうちに、源空聖人も思いもかけない罪科を被せられて流刑に処せられたというのです。

このように承元の法難を伝える伝記には、法然聖人には全く罪はないが、門弟の不行跡の余波を受けて流罪になったという説と、法然聖人の教えそのものを非難攻撃する聖道門の学僧と、それに雷同した反法然派の人々の讒言によって起こった宗教弾圧であるという、二つの説があったことがわかります。

前者に属する伝承としては、『法然聖人絵』巻四（弘願本）には、

隠岐の法皇御熊野詣のひまに、小御所の女房たち、つれづれをなぐさめんために、聖人の御弟子蔵人入道安楽房は日本第一の美僧なりければ、これをめしよせて礼讃をさせて、そのまぎれに灯明を消して是をとらへ、種々の不思議のこともありけり。法皇御下向の後、是をきこしめして逆鱗の余に、重（住）蓮、安楽二人はやがて死罪に行はれけり。その余失なほやまずして、上人の上に及びて、建永二年三月二十七日、御年七十九（五）、思飯よらぬ、遠流のこと

ありけり。

といい、安楽房たちの破廉恥な不行跡が原因であったと強調しています。これは慈円僧正の『愚管抄』巻六の記述を参考にしたものでしょう。そこには、

> その中に安楽房とて泰経入道がもとにありける侍の入道して専修の行人とて、又住蓮とつがいて、「六時礼讃」は善導和上の行なりとて、これをたてて、尼どもに帰依渇仰せらるる者出きにけり。（中略）院の小御所の女房、仁和寺の御むろの御母まじりにこれを信じて、みそかに安楽など云ものよびよせて、このようとかせてきかんとしければ、又ぐして行向どうれいたち出きなんどして、夜るさへとどめなんどする事出きたりけり。とかく云ばかりなくて、終に安楽住蓮頸きられにけり。法然上人ながして京のなかにあるまじにて、をはれにけり。

といっています。院の小御所といえば、江戸時代の大奥のような場所で、後鳥羽上皇の寵妃「伊賀の局」がその中心にいました。また安楽房たちを誘惑した女房のなかには仁和寺の道助法親王の母で、後鳥羽上皇の妃の一人、「坊門の局」もいたというのです。そこへ上皇の熊野参詣の留守中に、住蓮房や安楽房たちを招いて礼讃の勤行をさせ、夜まで泊めたという醜聞ですから、事実ならば大問題です。しかしそれが無実の噂であったとすれば、無実の罪で刑死した人々や、遠流の刑を受けた人々を、さらにむち打つような伝承であるといわねばなりません。

法難の顚末②

聖道門と浄土門の対立

承元の法難を風俗問題として捉える説の他に、それを宗教弾圧として捉え、聖道門と浄土門の思想対立が主軸であり、それに佞臣の讒言が機縁となって起こったとする説があります。それは弘願本の『法然聖人絵』や慈円僧正の『愚管抄』の説を真っ向から否定する「伝記」や記録類で、前に挙げた『源空聖人私日記』をはじめ、『知恩伝』や覚如上人の『拾遺古徳伝』などがそれです。『知恩伝』（下）には、

異学異見の輩、我慢偏執の故に、専修念仏を停止すべきの由、天聴を驚かせ、頻りに叡聞に達するのあいだ、後鳥羽院勅許あり、遂に住蓮、安楽召し取られ了りぬ。この条ただに山門の衆徒の鬱憤のみに非ず、聊か讒臣、叡情を誤るゆえなり。その濫觴を尋ぬれば、太上天皇熊野ご参詣の隙を以て、小御所の女房たち、住蓮安楽等を招請し、念仏聴聞あり。還御の後この由を聞こし召され、甚だ以て逆鱗あり。此れより以後念仏者は御気色叡襟に背き畢ぬ。住蓮等は、上人の御弟子たり、その身に於て全く過なく、犯なきところ、誹謗の輩ありて無実の讒奏を致

す故に、忽ち勅勘を蒙り、召し籠められる条、偏に佞臣の君を誤るなり。浮雲白日を蔽うがごとし。

といっています。これによれば、「聖道門の人々が、我慢偏執をもって、専修念仏を停止するよう、しきりに後鳥羽上皇に上奏したために遂に勅許になり、住蓮や安楽たちが召し捕られた。しかしそれは、聖道門の僧侶たちの非難攻撃だけではなく、法然聖人に悪意を抱いている上皇の近臣たちが、讒言をもって上皇のお心を惑わせたためである。それは、後鳥羽上皇が、熊野参詣をされた隙を見はからって、院の小御所の女房たちが、住蓮や安楽たちを招き寄せて、念仏を聴聞したとあしざまに告げ口をしたものである。それを聞いて上皇はお怒りになって処分を命じられた。住蓮たちは法然聖人のお弟子であるが、彼らには全く過ちがないのに無実の讒言によって犯罪者に仕上げられ、勅勘を蒙って死罪になった。これ

承元の法難で死罪となった住蓮・安楽の墓（安楽寺）

は全くよこしまで奸智にたけた臣下が、君主を誤らしめた結果である」といっています。

なお『行状絵図』巻三十三によりますと、無実の風聞の元になった事件というのは、安楽房や住蓮房が、東山の鹿谷で、別時念仏の法座を開き、「六時礼讃」を勧めたときに、参拝していた御所の女房たちのなかで、感動して出家した人が出たことを指しているといっています。それは後鳥羽上皇が熊野参詣の留守中のことでしたが、お帰りになった上皇に、女房たちが無許可で出家したことをスキャンダルに仕立てて上皇へ讒言する者があった。それを信じた上皇は逆鱗の余り住蓮や安楽たちを死刑に処し、多くの念仏者を死刑や遠流に処したといっています。

真宗の伝承としては、前に文章を挙げたように、親鸞聖人ご自身が『教行証文類』の後序に、事件の顛末を述べられていますし、『歎異抄』の付録文書や、『血脈文集』に記されており、それらを総合したかたちで覚如上人の『拾遺古徳伝』に詳しく記述されています。

親鸞聖人による批判

親鸞聖人は、承元の法難のまことの原因は、単なる風俗問題ではなくて、仏法に真仮の門戸のあることを知らない聖道諸宗の学僧の無知と、邪正の道路を弁えない高級官僚の邪見によって引き起こされた、宗教弾圧であって、それは真実の道理に背くとしかいいようのない不当な弾圧であると厳しく弾劾されています。いいかえれば法然聖人の教えを邪道と見なす『興福寺奏状』に代表される旧仏教（聖道門）の人々と、それに与する朝廷の勢力が仕組んだ思想弾圧であるというのです。

弾圧された当事者として、親鸞聖人はこの事件の根底に流れている背理の権力の危険性を正確に見据えられていました。それゆえ、

主上臣下、法に背き義に違し、忿りを成し怨みを結ぶ。これによりて、真宗興隆の大祖源空法師ならびに門徒数輩、罪科を考へず、猥りがはしく死罪に坐す。あるいは僧儀を改めて姓名を賜うて遠流に処す。予はその一つなり。

と痛烈な言葉をもって自分たちを裁いた裁判を批判されたのでした。「主上」とは直接は後鳥羽上皇を指していました。「罪科を考へず、猥りがはしく死罪に坐す」と、無実の罪を拷問によってでっち上げた冤罪であることを厳しく弾劾されているわけです。

ところで、この事件が「無実の風聞」、悪意を持って流された根も葉もない讒言を真に受けたことから引き起こされたといわれているのは、『歎異抄』の付録文書でした。そこには、

後鳥羽院の御宇、法然聖人、他力本願念仏宗を興行す。ときに、興福寺の僧侶、敵奏のうへ、御弟子のうち、狼籍子細あるよし、無実の風聞によりて罪科に処せらるる人数のこと。

といい、処刑された人々の名と流刑地が記されています。ここでは事件の直接の引き金は「無実風聞」であったといっていますから、反法然派の人々の讒言によるということになります。それは『歎異抄』の著者が親鸞聖人から直接聞いたことに違いありません。

覚如上人が集大成された法然聖人の伝記である『拾遺古徳伝』巻七には次のように伝えられています。

ここに太上天皇［後鳥羽の院と号す、諱尊成］、今上［土御門の院と号す、諱為仁］、聖暦、承元ひのとのうの歳、仲春上旬のころ、南北の学徒、顕密の棟梁、浄土の一門弘興、聖道の諸宗廃滅の因縁、このことにあり、すべからくその根本について空聖人を罪すべしということを詮議しつつ、奏聞にをよぶ。そのうえ門弟のなかに不慮の無実、内々そのきこえありければ、ことの計会おりふし悪しくて、南北の学徒の奏事、左右なく勅許、すでに罪名の議定におよびて、はやく遠流の勅宣をくだされけり。

この記録は、明らかに『教行証文類』の後序と、『歎異抄』の「無実風聞」とを組み合わせ、他の信頼すべき資料を参考にしながら記述されており、事件の真相にもっとも近い説といえましょう。「南都、北嶺の学僧たちや教団の指導者たちは、聖道門の諸宗が廃滅の危機に瀕している元は浄土の一宗が弘まり興隆してきたからであるとして、是非ともその根本である法然を処分せよと朝廷に迫っていました。そこへ法然聖人の門弟のなかに思いもかけない〈無実の風聞〉が、折悪しく密かに流され、上皇のお耳に入ったものですから、それも罪状として重ねて数え上げられ、文句なしに『奏状』は勅許され、法然聖人まで遠流に処するという勅宣が下されたのです」といわれています。これがほぼ承元の法難の真相だったようです。

法難の顚末③

「風聞」にもとづく弾圧

無実の風聞（ふうぶん）（うわさ）によって死刑や遠流（おんる）という苛烈（かれつ）な弾圧が行われたということは酷（ひど）い話ですが、当時は「風聞」が正式な裁判でも重要な意味を持っていたようです。「悪党」という風聞を立てられただけで追及の対象になったり、そういう風聞を知りながら、匿（かくま）った者は追及の対象になりうることが鎌倉幕府の正式の裁判記録に出ています。

それにしても安楽房や住蓮房たちが、同輩を連れて院の小御所（こごしょ）へ参上したというようなことが、はたしてありえたでしょうか。先に述べたように彼らは自分たちの身辺に弾圧の手が伸びていることは十分承知していたはずです。また宮廷の女官たちも、そのような危険人物を院の小御所へ招くはずがありません。たとえ招いたとしても、夜まで留めるはずはなかったし、安楽房たちもそんな誘惑に惑わされるほど愚かではありませんでした。

元久元年十一月七日、法然聖人が門弟たちに七箇条にわたる制誡の遵守を誓わされた『七箇条制誡（しちかじょうせいかい）』（二尊院本）によれば、住蓮房はこの日に署名した門弟七十九名（三日にわたる記名者は二百余人だったといわれている）中の十六番目に、安楽房は三十番目にそれぞれ署名し、法然聖人が科せられた厳しい七箇条の制誡を守ることを誓っていた法然門下の上足だったのです。

死罪と流罪

ともあれ建永二年（承元元年）二月中にはそれぞれ判決が下り、処刑されたようです。『行状絵図』巻三十三によると、二月九日、法廷に引き出された安楽房は、悪びれることなく自身の潔白を証言したばかりか、念仏を弾圧する者は、誰であれ正法を誹謗する大罪人であると厳しく非難し、次のような善導大師の『法事讃』の御文を朗々と唱えたそうです。

五濁増の時は多く疑謗し、道俗あひ嫌ひて聞くことを用ゐず。修行することあるを見ては瞋毒を起し、方便破壊して競ひて怨を生ず。かくのごとき生盲闡提の輩は、頓教を毀滅して永く沈淪す。大地微塵劫を超過すとも、いまだ三塗の身を離るることを得べからず。

「五濁悪世が進むにつれて、真実を見る智慧の眼を失い、成仏できなくなった人々は、真実の道を歩む念仏者を見ると憎悪して危害を加えるようになってくる。彼らは念仏の教えを誹謗し、迫害した罪によって無量永劫にわたって地獄、餓鬼、畜生の三悪道を輪廻して苦を受け続けなければならない」というのです。それを聞こし召して激怒された後鳥羽上皇は、安楽房に死刑を科し、六条河原で斬首の刑に処せられたといわれています。もっとも覚如上人は、安楽房は近江の馬淵で処刑されたといわれています。

覚如上人の『拾遺古徳伝』巻七には、『歎異抄』をはじめ、諸種の記録を整理して、このとき遠流に処せられたのは師弟合わせて八名、死罪は四名だったと伝えています。

源空聖人は土佐国幡多へ配流。罪名は藤井元彦。七十五歳。親鸞聖人は越後国国府へ配流。罪名は藤井善信。三十五歳。浄聞房は備後国。禅光房澄西は伯耆国。好覚房は伊豆国。法本房行空は佐渡国。成覚房幸西は阿波国。俗姓物部。それに善恵房証空です。

ただし善恵房は、遠流の判決を受けましたが、無動寺の前大僧正（慈円慈鎮）が身柄をあずかることで、処刑を免れています。なお『歎異抄』では、成覚房と善恵房の二人の身柄を、無動寺の「善題大僧正」があずかったといわれています。「善題大僧正」は明らかに無動寺の「前大僧正」すなわち慈円僧正の

近江八幡馬淵の住蓮・安楽の墓

間違いです。また『血脈文集』の巻末の記事も「無動寺大僧正」の右に「慈鎮和尚の御ことなり」と註記されており、身柄預かりになったのは善恵房だけになっています。

死罪に処せられたのは、善綽房、性願房、住蓮房、安楽房の四名でした。善綽房西意は、佐々木判官の手の者によって摂津の国で誅せられ、性願房と住蓮房と安楽房は、近江の馬淵（現・近江八幡市）で誅せられました。二位の法印尊長の沙汰であったといわれています。いまも近江八幡市の郊外の丘の上に住蓮房と安楽房の墓が残っています。

『行状絵図』によれば、法然聖人は建永二年二月二十八日付けで、僧籍を剝奪され、藤井元彦（一説では源元彦）という俗称を与えられて、土佐の幡多（実際は、藤原兼実の荘園があった讃岐の小松庄）へ配流と決まりました。京都を出発されたのは三月十六日であったといわれています。

醍醐本『法然上人伝記』によれば、御流罪の前日、ご滞在先の兼実公の別邸、小松殿に別れを告げに集まった門弟のなかでこんなことがあったと伝えています。

> そのとき一人の弟子に対して一向専念の義を述ぶ。西阿弥陀仏という弟子、推参していふ。「かくのごときの御義ゆめゆめあるべからざる事に候。おのおのご返事を申さしめたまふべからず」云々。上人云く「なんじ、経釈の文を見ずや」と。西阿弥陀仏云く「経釈の文はしかりといえども、世間の譏嫌を存ずるばかりなり」。上人云く「我、頸を截らるといえども、この事をいわざるべからず」と云々。御気色尤も至誠なり。見たてまつる人々涙を流し随喜すと云々。

「そのとき一人の門弟の問いに答えて聖人が一向専念の義（選択本願念仏の法義）を説かれたとき、西阿という門弟がでしゃばって、「いま聖人が仰った、一切の諸行を捨て、ただ念仏一行を専修するという法義は、決して存在しないことになっているから、今のご説法に対して皆さんはお領解を申されてはなりません」といったというのです。

それを聞かれた聖人は、西阿に「そなたは浄土三部経や、善導大師のお聖教を拝見したことがないのか。拝見しているならば、一向専修の行は私の恣意で説いているものではなくて、阿弥陀仏が本願に於て選び定められた唯一の行であり、釈尊のご本意にかなった行であり、善導大師が正定業として釈顕された、仏祖のご本意にかなった行であることは心得ているだろう」と厳しくなじられたのでした。

それに対して西阿は、「経釈の御指南は仰せのとおりですが、世間、とりわけ朝廷がその選択廃立の宗義を譏り嫌われたことから、このような専修念仏停止という事態が起こっているのです。いまは朝廷の譏嫌を避けるようにしないと聖人の御命にも危害が及ぶ恐れがあります。だから敢えて申し上げげました」と答えました。

すると聖人は「我、頸を截らるといえども、この事をいわざるべからず」と仰せられました。その厳しい表情には護法の真情があふれ出ていて、拝見した人々はみな涙を流して随喜した」といわれています。

法難の顚末④

死罪から流罪へ

親鸞聖人が、どのようないきさつで、越後へ流罪になられたのか、詳しい事情はわかりません。しかし覚如上人の『拾遺古徳伝』巻七によれば、住蓮房、安楽房たち四人が、「物惣の沙汰」（審議を尽くさないあわただしい裁判）によって死刑に処せられた後、さらに死罪になる人がいる模様だが、そのなかに善信聖人（親鸞）が含まれているという専らの噂が流れました。

それかの聖人は、いまだ宿老におよばずといえども師の提携にもたえ、宗の奥義をもつたえて世誉等倫にこえ、智徳諸方にあまねかりければにや、かねて天聴にそなはり、さいだちて雲上にきこゆ、まめやかに徳用やはたしけん。君臣ともに猶予のうえ、六角のさきの中納言親経の卿、年来一門の好みを通ぜられけるが、おりふし八座の議定のみぎりにつらなりて、もうしなだめられけるによりて、遠流にさだまりてけり。すなはち配所越後のくに〈国府〉におもむきまします。

といわれています。「親鸞聖人は、まだ三十五歳になったばかりですから、法然門下で年功を積んだ長老のなかには入りませんが、浄土宗の奥義を相伝する人物に育っていました。その学徳は、かねてから天皇や上皇のお耳にも達するほどでしたから、むろん貴族たちにも聞こえていました。その徳が人々の心を動かしたのでしょう、親鸞聖人を死刑にすることに君臣ともにためらいを感じていました。そんななかで、八人の参議による会議が行われたわけです。参集した参議のなかに、権中納言親経卿がおられました。同じ日野家の出身者で、聖人をよくご存知でしたから、念仏を勧めたことで死罪に処することには、賛成できないとなだめられたので、皆も納得し、死一等を減じて越後国の国府に遠流と決定した」といわれています。このことが、事実かどうか、今のところ『拾遺古徳伝』以外に確かめる文献はありません。しかしそういう伝承があったにちがいありません。

法然聖人が親鸞聖人を高く評価されていたことはいうまでもありません。さきにも紹介した「信心一異の諍論」に見られるような、ある意味では師説を超えるような論議を展開する親鸞聖人の素晴らしい才能と、その宗教経験の深さを、はっきりと認められておられたことは事実です。それゆえ滅多に許されなかった『選択集』の伝授と真影の図画を許し、浄土宗の未来を託していかれたのでした。

それぞれの処分

親鸞聖人は、その同門の弟子である、聖覚法印（一一六七～一二三五）、隆寛律師（一一四八～一二二七）、幸西大徳（一一六三～一二四七）など比叡山以来の大先輩や、それに承元の法難で死刑となった善綽房西意や、検挙はされたが流罪は免れた善恵房証空（一一七七～一二四七）、佐渡へ流された法本房行空（生没年未詳）なども親交があったと考えられます。

親鸞聖人を法然聖人に引き合わせたと伝えられている聖覚法印との間には、『口伝鈔』第一条の安居院参向の段にも示されているように、互いに深い信頼関係が窺われます。また法印が自筆の『唯信鈔』を、当時、関東におられた五十八歳の聖人に贈呈されたこと、聖人が『唯信鈔』をしばしば書写して関東の門弟に与えられたことや、さらに『唯信鈔文意』を著して、『唯信鈔』を注釈されたことなどは、両者の結びつきのただならぬ深さを物語っています。

また嘉禄の法難に際して、八十歳とい

輿にのって流刑地におもむかれる親鸞聖人（『御絵伝』）

う高齢の身で奥州（実際は相模の飯山）へ遠流に処せられた隆寛律師が著された『一念多念分別事』や、『自力他力事』、それに律師の法語である『後世物語聞書』を幾たびも書写して門弟に推奨されていました。さらに晩年「非一非多の他力念仏」を勧めるために、『分別事』に詳細な註釈を加えられた『一念多念文意』を著して関東の門弟に与えていかれたことはよく知られています。また曇鸞大師の『論註』を重視し、「他力」を「利他」と表現するなど、律師と聖人の交流はずいぶん深いものがありました。一般には隆寛律師は多念義を主張されたといわれていますが、むしろ多念義を主張したのは律師の弟子たちであって、親鸞聖人は「非一、非多の念仏往生」という法然教学の正当を伝えた方と見られていました。

　また承元の法難では阿波へ流罪となり、嘉禄の法難でも壱岐へ流罪に処せられることになりながら、行方を眩まされた幸西大徳は一念義を立てたといわれています。しかしその一念の本体は一切の衆生を善悪、賢愚の隔てなく平等に救う「大乗広智」であるような仏智でした。その仏智と冥合しているのが本願の信心であり、称名であると見なされていたようです。その仏智と冥合する一念に摂取不捨の利益にあずかり、現生において不退転に住するという現生不退説を立てられたから一念義といわれますが、決して念仏相続を否定するような一念義ではありませんでした。

　一念義といえば、佐渡へ遠流となり、そのまま消息を絶った法本房行空が思い出されます。先にも述べたように、元久三年（建永元年）二月三十日の時点では、一念義の中心人物として処分されようとしているのは行空であって、幸西はその陰に隠れるくらいの存在であったようです。行空は行動的一念義であり、幸西は一念義の理論派であったから目立たなかったのでしょう。法本房が行動的であったということについては、『三長記』の罪名を挙げるところに、行空は一念に偏執する一念義を唱えて、十重禁戒を捨てさせ、一切の余仏を謗り、ただ念仏一行だけを勧めるという許し難い大罪を犯しているからであるといっています。しかし行空の一念義が、『三長記』に記されているとおりであるとすれば、むしろ法然聖人の教えに忠実な人であったというべきでしょう。幸西がそうであったように、師説に背くような異義としての一念義ではなかったと思います。ただ承元の法難や、後の嘉禄の法難に連座して弾圧された人々は、聖道門を捨てて浄土門に帰し、諸行を捨てて念仏の一行を専らにし、自力を捨てて本願他力に帰するという廃立の信心を強調した人々でした。それは、また臨終業成説を捨てて平生業成説を主張した人々であったともいえましょう。その意味で法然聖人の教えを純粋に信じ行じようとした法然教団の中核を担っていた人々でした。

　さて親鸞聖人は越後に流罪になりますが、実は『公卿補任』によりますと、聖人の伯父に当たる、日野宗業卿が、建永二年（承元元年）正月に行われた春の除目（朝廷の人事）で、「越後権介」に任ぜられています。事件の起こる一カ月前のことです。宗業は後に文章博士となり、従三位式部大輔にまで登りますが、この時点では「従六位の上」ぐらいであったと思います。おそらく任地には赴かずに、京都にいた遥任（遥授）の官職だったと思いますが、越後の高官には違いありませんから、その庇護下に置くために越後を選定したのではないでしょうか。日野親経卿あたりの心づくしであったかもしれません。

非僧非俗として

非僧非俗の心

なぜ「愚禿」と名乗られたのか

越後に流罪になった親鸞聖人は、その地で後に法名恵信と名乗る女性と結婚生活を送られるようになります。二人は京都ですでに結婚されていたのか、越後ではじめて出遇われたのかは後に考察します。そうした生き方を聖人は「非僧非俗」といい、以後の仏教者の生き方を大きく転換していかれたのでした。

さきに挙げた『教行証文類』後序の、承元の法難について述べられた記述のなかに、僧籍を剥奪され還俗させられたことを述べて、

僧儀を改めて姓名を賜ふて遠流に処す。予はその一つなり。しかればすでに僧にあらず俗にあらず。このゆゑに禿の字をもって姓とす。

といわれていました。当時の法律では僧侶を処罰するときには、僧籍を剥奪したからです。もともと僧侶は、出家といわれるように、世俗を超えた生き方をしているものですから、世俗の法で処罰することはできません。世間の法律で処分しなければならないときには世俗に還らせたのです。還

俗させられた親鸞聖人（善信）は藤井善信という俗名を与えられたといわれています。

しかし後に親鸞聖人は、朝廷から押しつけられた俗名をいさぎよしとせず、自分はすでに「僧に非ず、俗に非ず」というような境位を生きる身であるからというので、「禿」を姓として、「愚禿釈親鸞」と名乗るようになったといわれています。いつのころであるかはさだかではありませんが、少なくとも、流罪中の一時期であって、流罪赦免の勅命を受けた三十九歳の時点（建暦元年十一月十七日）では、この名で勅免を蒙られたようです。

「非僧非俗」の「非僧」とは、僧侶ではないということです。もともと僧侶とは僧伽（サンガ）の構成要員のなかでも出家の修行者を意味する言葉でした。世俗を捨てて出家し、釈尊が制定された厳しい戒律を保って修行に専念する独身の修行者のことでした。親鸞聖人も九歳で出家し、天台宗に伝わる円頓戒と呼ばれる戒律をたもつ天台宗の僧侶でしたが、僧籍を剥奪されて還俗させられたから「僧に非ず」という状態だったといえましょう。しかしそれだけならば、僧籍が返還された三十九歳のときには再び

越後へ向かう親鸞聖人が通られたという愛発（あらち）の峠

僧に還ったことになります。当時の法律では流罪が赦免となった時点で、僧籍は返還されることになっていたからです。事実聖人は生涯袈裟衣を纏っておられただけではなく、納税や労役の義務を免除されていました。したがって外見は僧の姿を守りながらも非僧といわれているのですから、僧籍の有無ではなく、外面からいえば、戒律を捨てて結婚をし、妻子と共に家庭生活を送り続けているという生活態度を非僧といわれたのに違いありません。そして、そのお心をいえば、「信文類」に、

> まことに知んぬ。悲しきかな愚禿鸞、愛欲の広海に沈没し、名利の太山に迷惑して、定聚の数に入ることを喜ばず、真証の証に近づくことを快しまざることを、恥づべし傷むべし。

といわれたような深い慚愧の心を表して非僧と名乗られたに違いありません。

しかしこの言葉には、本願を信じるものは、本願力に支えられて、喜ばないまま、必ず仏になる正定聚の身にしていただいているという慶びが秘められていました。そして快しまないまま、確実に浄土へ迎え取られていく身であることを楽しむ心もありました。すなわち聖人は、妻子とともに世俗の泥にまみれた生活を続けながら、愛憎の煩悩に悩むわが身を導きたまう阿弥陀仏の大慈大悲の深さを身にしみて確認し続ける人生を生きられたのでした。

その意味で、聖人が結婚されたのは、ただ煩悩の誘惑に負けて出家道から逃げ出したというようなものではなかったというべきです。むしろ苦悩の衆生を救うと誓われた阿弥陀仏の本願の真実を、普通の人々と同じ在家生活のなかで確かめようとされたからです。それはまた世俗の権力によって

非俗の仏道としての意味を見出されたのでした。
非僧である在家生活を、本願の念仏を味わう法縁として生きることによって、そこに世俗を超える
強制された「僧に非ず」という状況を、還って自らが選んだ生活態度に変えていかれたといえます。

念仏者の生き方

それはまた法然聖人が、念仏者の生き方を示して、「煩悩をばこころのまらうど（客人）とし、念仏をば心のあるじ（主人）としつれば、あながちに往生をばさえぬなり」といわれた言葉を実践されたものともいえましょう。臨終まで煩悩具足の凡夫でしかありえない私どもは、念仏を通して絶えず聞こえてくださる如来のみ教えに心の手綱を取っていただいて、自分に誤魔化されないよう、いつも如来さまと相談しながら生きることが大切な心がけでした。そこに念仏に育てられ続けていく「非俗」の人生が開けていくのでした。

親鸞聖人の「非僧非俗」という生き方を、仏教を在家化させたものとみなし、在家仏教を開いたという方もいらっしゃいます。おそらくその方は出家中心の仏教を、出家、在家を簡ばず万人に開かれた教えに還されたといおうとされているのでしょう。しかし仏教を在家化したというと、えてして世俗化したという意味に取られる恐れがあります。世俗化した仏教は世俗を救う力を持っていませんから、誤解のないようにしていただきたい。本願の念仏は世俗を仏道の機縁に転換し、在家生活を仏道に高めていく教えだったというべきでしょう。

聖人は、その心を「愚禿釈親鸞」という名乗りのなかに表されていたのでした。「愚禿」の愚とは愚か者ということであり、禿とは生活のために出家した名ばかりの出家者（禿比丘）、また破戒僧という意味もあります。すなわち愚禿とは、戒律を破り、愛と憎しみに心を惑わされながら生きている愚かなものということですから、まさに「非僧」のわが身を慚愧された姓でした。その言葉の依りどころは伝教大師最澄が、比叡山に登り修行をはじめられたときの誓願文に、ご自身を「愚中の極愚、狂中の極狂、塵禿の有情、底下の最澄」と自称された文により、その心を頂戴されたものに違いありません。

「釈」とは出家の修行者に与えられる姓でした。世俗を離れて出家した行者は、俗名を捨て釈尊の一族となったというので「釈」と名乗るようになったといわれています。しかし釈尊のみ教えに順って、本願を信じ、念仏して浄土を目指すものは、出家、在家をえらばず真の仏弟子と讃えられたことから、真宗では、すべて釈と名告ることを許されています。よって「愚禿」とは非僧のわが身を慚愧する名告りであり、「釈」という一字には、世俗の生活を仏道として歩ませていただいている念仏者の非俗の喜びが表されていることがわかります。

そのころ「半僧半俗」という言葉がよく使われていました。僧形はしているが妻子を持って家庭生活を営んでいる「俗聖」のことを意味していました。僧ともつかず、俗ともつかない民間宗教家を表す言葉でした。しかし聖人は僧俗の隔てを超えて、僧俗を平等に包むような本願念仏に生きる自身の境位を顕すために「非僧非俗」という言葉を用いられたのでした。

親鸞聖人の結婚

親鸞聖人の子供たち

越後の国府へ流人として送られた親鸞聖人は、その地で結婚生活を送られるようになります。そしてそのような生き方を非僧非俗という言葉で顕されたことはすでに見てきたとおりです。その妻となったのは、後に出家して法名を「恵信」と名告られる方でした。

蓮如上人の第十男・実悟上人が天文十年（一五四一）に、従来の伝承をまとめて作られた『日野一流系図』には、親鸞聖人の子女として七人の名が挙げられています。範意（印信）、女子（小黒の女房）、善鸞（慈信房）、明信（栗沢の信蓮房）、有房（益方の入道道性）、女子（高野禅尼）、女子（覚信尼）がそれです。そのなかで範意だけは、母は「後法性寺摂政兼実公女　月輪殿なり」となっています。

もしこれが事実であるとすれば、親鸞聖人の妻は、九条家を開いた前関白太政大臣藤原兼実公の姫君ということになります。しかし兼実の日記『玉葉』を詳しく分析した『玉葉索引』に依れば、兼実には二人の女子がありましたが、その一人は後鳥羽上皇の中宮になられた宜秋門院任子であり、もう一人は、四歳で夭折していますから、親鸞聖人の妻となりうるような女子はいなかったわけです。またもしそれが事実ならば、承元の法難のとき、妻の伯父にあたる慈円僧正が身柄を引き取って流罪にさせなかったはずです。また範意（印信）という人物もまだ確認されていません。

それに引き替え、小黒の女房など六人は、覚如上人が『口伝鈔』第十一条に、「恵信御房」について「男女六人の君達の御母儀」と註記されているのと符合します。すなわちこの六名が親鸞聖人と恵信尼公との間に生まれた方々であったと考えられます。

ところでそのなかの「慈信房（善鸞）」には問題があります。後にまた取り上げますが、彼は聖人の教えに背いて関東の門弟たちを惑乱した罪で、聖人から親子の縁を絶たれますが、そのときに聖人から慈信房に宛てて出されたいわゆる義絶状のなかに、

> ままははにいひまどはされたるとかかれたること、ことにあさましきことなり。世にありけるを、ままははの尼のいひまどはせりといふこと、あさましきそらごとなり。

といわれている文章があります。これを見ると慈信房が「壬生の女房」に宛てた手紙のなかで、恵信尼公を「継母」とよんでいたことがわかります。もしそれが事実ならば、慈信房の生母かいたことになりますから、聖人には恵信尼公以外に妻がいたとする説があります。

しかしこの文章は、そのすぐ前に、「母の尼（恵信尼）にも不思議のそらごとをいひつけられたること、申すかぎりなきこと、あさましう候ふ」といわれたことの理由を述べたものでした。すなわち実母であるにもかかわらず、恵信尼公を継母とよんでいるばかりか、その継母が親鸞を惑わしていると、壬生の女房に嘘（そらごと）の告げ口をしていることは許せない暴言であると叱っておら

れる言葉ですから、恵信尼公が継母であったことの証拠にはならないといわれています。恵信尼公以外に妻がいたことが証明されない限り、この文章だけでは善鸞にほかに実母がいた証拠にはならないでしょう。

恵信尼公とその周辺

ところで親鸞聖人の妻となり、六人の子女を育てられた恵信尼公について『日野一流系図』には、「小黒の女房」の項に「母　兵部大輔三好為教女　法名恵信」とあり、以下五名はみな母の子であると記されています。「兵部大輔」とは兵部省の長官である兵部卿に次ぐ高官ですが、三好為教がその職にあったという記録は外に残っていないようです。ただし兼実の『玉葉』には、治承二年（一一七八）に、越後介であった三好為則が解任されたという記事があります。「為教」とは一字違いですが同一人物と見ることはできましょう。すると恵信尼公が生まれる四年前に三好為教という、越後に縁の深い中流貴族が京都におり、「越後介」在任中に、越後になにがしかの所領を獲得していた可能性も考えられます。その三好為則（為教）の息女が恵信尼公であったとすると、父から譲られていた越後の土地を晩年になって、関東に移り住んでいた慈信房と、京都に住んでいた覚信尼（王御前）を除く四人の子女に譲り与えたと見ることができます。ただし覚信尼には自分の没後、八名の召し使いを譲り与えると記した譲状が残されています。また現存している『恵信尼消息』の筆跡や文章から推測される、高い教養から見て、中央の高官の息女と見るべきで、聖人との結婚も京都時代であったとする説が有力です。

その時期は、親鸞聖人が法然聖人から、真影（肖像画）の図画を許されたとき、夢の告げによって、入門のときに法然聖人から賜った「綽空」の名を改めて、「善信」と名告ることを聖人に認めてもらったという元久二年（三十三歳）ごろであろうといわれています。戒律を破って妻帯しても、私が妻となって念仏の人生を仏道として荘厳すると告げられた観世音菩薩（聖徳太子）の夢告のなかで、自分は「善信」と呼ばれていたからでした。そして法然聖人から、改名することを許されたことは、妻帯を認めてもらったことになるからです。なお当時の法律（「獄令」）には、「流人として処罰される者は、妻を同伴して配所に赴け」と定められていますから、恵信尼公も同伴されたというのです。

恵信尼公廟所（新潟県上越市）

　これに対して、中世の流罪制度である「囚人預け置き」慣行を検討して、そのころの越後では朝廷―国司―在庁官人の預かり制度が機能していて、在庁官人が直接流人の身柄を預かったとみる説があります。そして恵信尼公は、親鸞聖人の預かり人となった国府（国庁）の近くに地盤をもつ豪族で、在庁官人であった人物の息女ではないかといわれています。ちょうど伊豆に流された源頼朝を、在庁官人の北条時政が預かり、その息女の政子と結婚させているようなもので、預かり人の裁量権は大きく、流人の生活は予想以上に自由であったといわれています。また北条政子が、高い教養を身につけていたように、在庁官人の子女の教育程度は高かったようで、恵信尼公の教養も京都の中央官人の子女でなければ得られないものではなかったといわれています。また『恵信尼消息』に見られるように、晩年越後に帰って、四人の子女にそれぞれ所領を与え、覚信尼に八人もの召し使いを譲ることができる財力を持ち、その大所帯を難なく切り盛りしているのは、恵信尼公の生活の基盤がもともと越後にあったからであるというのです。

　さらに恵信尼公は、もともと越後の豪族であった三好一族の出身で、若くして京都に出て、京の三好家か九条家に女房として仕えていた方ではないかという説もあります。しかし現在の時点では、この三説のどれかに確定することは資料的に困難です。ただはっきりとしているのは、越後時代には結婚生活を営まれており、建暦元年（一二一一）三月三日に信蓮房が生まれていることだけです。

流罪赦免と関東移住①

京都に戻らなかった親鸞聖人

『教行証文類』後序に、承元の法難の顛末を述べた後、

空師（源空）ならびに弟子等、諸方の辺州に坐して五年の居諸を経たりき。皇帝〔佐渡の院、諱守成〕聖代、建暦辛未の歳、子月の中旬第七日に、勅免を蒙りて入洛して以後、空（源空）、洛陽の東山の西の麓、鳥部野の北の辺、大谷に居たまひき。同じき二年壬申寅月の下旬第五日午時に入滅したまふ。奇瑞称計すべからず。別伝に見えたり。

とあるように、源空聖人をはじめ流罪に処せられたものは、五年後に赦免になったといわれています。覚如上人の『拾遺古徳伝』にも、

龍顔逆鱗のいきどをりをやめて、鳳城還住の宣をくだされければ、建暦元年かのとひつじ十一月十七日入洛す。宣旨にいはく「左辨官くだす、土佐のくに、はやくめしかへすべき流人、藤井の元彦おとこ。右くだんの元彦、いんし承元元年三月の日、土佐のくにに配流す、しかるにいま念行するところあるによりてめしかへさるてへり。それがし勅宣をうけたまはる。くによ

ろしく承知すべし。建暦元年八月の日、左太史小槻の宿弥国実弁」云云。院宣は権中納言藤原の光親の卿（あるひは岡崎の中納言範光の卿と云云）」とかきくだされけり。

と記されています。同じような院宣が親鸞聖人の元へも届けられたにちがいありません。ただし『血脈文集』の付録文書に依れば、親鸞聖人はその院宣に対する返書に「藤井」の姓を改めて、「愚禿の字を以て」奏聞を経たところ、範光の卿をはじめ諸卿が讃えたといわれています。

こうして聖人は、建暦元年、三十九歳のときには、流罪赦免となり、自由の身になられたわけです。そこで京都へ一時帰られたという伝説もありますが、しかしそれを裏付ける確かな史料はありません。ただちに帰郷されなかったのは、一つには、もっとも会いたかったであろう恩師源空聖人が、帰洛されてわずか二カ月余り後の建暦二年（一二一二）一月二十五日に、八十歳でご入滅になられていたからです。第二には建暦元年三月三日に誕生した栗沢の信蓮房が、まだ満一歳にもなっていないという家庭の事情もあったかもしれません。

『恵信尼消息』にみる関東の親鸞聖人

その親鸞聖人が、恵信尼公や信蓮房たちを連れて、越後から関東の常陸へ移住されたのは、建保二年（一二一四）のことだったと『恵信尼消息』は伝えています。もっとも関東移住の動機も、越後から常陸への経路も直接には語ってはいません。しかし子細に見ると、さまざまなことをその消息のなかに読み取ることができます。そこでまず『恵信尼消息』の該当文章を拝読することにしましょう。
それは親鸞聖人がご往生された直後の弘長二年（一二六二）十二月一日、京都で聖人の最期の看取りをした末娘の覚信尼が、そのころ越後に住んで居られた母の恵信尼公に、聖人のご臨終の様子などを細かに報告した手紙に対する恵信尼公からの返信のなかの一通でした。日付は弘長三年二月十日付けになっています。原文は言葉も難解ですし、内容も複雑ですので、現代語に訳して引用することにします。

善信の御房（親鸞）は、寛喜三年四月十四日の昼十二時ころから、少し風邪気味でしたが、その夕方からお休みになり、ご容態が悪くなられましたのに、いつものように腰や膝を

親鸞聖人の一行が越後から関東へ（『御絵伝』）

たたいたり、もんだりもさせず、全く看病人さえも寄せ付けず、ただ音もなく静かに伏しておられますので、お体に触れてみますと、その熱いことまるで火のようでした。頭痛の激しさも普通ではありませんでした。

床に伏せられて四日目の明け方、苦しいなかで突然「ほんとうは、そうであろう」と仰せられましたので、「なにごとですか、うわごとでもおっしゃったのですか」といいますと、「うわごとではない。床に伏せって二日目から、ひっきりなしに『大無量寿経』を読み続けていた。ときおり目をふさぐと、経の文字が一字も残らずはっきりと見えるではないか。これはどうも納得のいかないことだ。本願を信じて念仏することより外に心にかかる事などあるはずはないのにと思って、よくよく考えてみると、今から十七、八年も前のことであるが、まことしやかに浄土三部経を千部（千遍）読んで、衆生を利益しようと思って読みはじめたことがあった。しかし間もなく反省して、これはどうしたことだ〈自ら信じ人を教えて信ぜしむること、難のなかにうたたまた難し。大悲を伝へて普く化すること、真に仏恩を報じたてまつるになる〉と（善導大師が）いわれているとおり、自ら信じている本願念仏の道を、有縁の人々にお伝えして、念仏の信心を獲得していただくことこそ、仏恩に報いたてまつるまことの営みであると信じていながら、名号を信じ称え、そのおいわれを人々にお伝えすることの外に何の不足があって、必ず三部経を千遍も読もうなどと考えているのであろうと思い返して、それっきり人々を救う手段としてお経を読むというようなことは止めてしまったことがあった。あのとき経典を読誦しようと思いつめた心がまだ少し残っていたのであろうか。人は一度心に思いつめたことは、なかなか思い改めることができないものである。自力の計らい心もそのとおりなかなか抜けきれないものだから、よくよく注意して、自分の思いに誤魔化されないようにしなければならないと思うようになってからは、無意識のうちにお経を読むということはなくなった。こうして床について四日目の明け方になって、〈ほんとうは、そうであろう〉といったのだ」と仰せになり、間もなく大変な汗をおかきになって、病はお治りになられたのでございます。

三部経をまことしやかに千部も読もうとなさいましたことは、信蓮房が四歳のときでした。武蔵の国でしたか、上野の国でしたか、佐貫というところで読みはじめられたのでございますが、四、五日ばかりたって、思い返して読むのを止められ、常陸へおいでになられたのでございました。

信蓮房は未の年（承元五年辛未・一二一一）の三月三日の昼に生まれましたから、今年（弘長三年・一二六三）は五十三歳になっているかと存じます。

弘長三年二月十日　恵信

なおここには、聖人が重病で伏せられたのは寛喜三年（一二三一）四月十四日、五十九歳のときのことであったといわれていますが、後に恵信尼公は、ご自分の日記によって日付を訂正し、それは四月八日から十一日にかけてのことであったといわれているように極めて正確な記録なのです。

流罪赦免と関東移住②

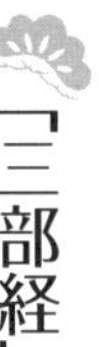

「三部経」の千部読誦を発願

恵信尼公は、このお手紙を通して幾つかの大事なことを伝えてくださっています。しかし今さしあたって重要なことは、建保二年（一二一四）、四十二歳のとき、聖人は、恵信尼公と少なくとも四歳（数え年）の子息信蓮房を連れて常陸に向かっておられたこと、その途中、佐貫というところで、衆生利益のために「浄土三部経」を千部（千回）も読誦しようとされたこと、しかしそのような行為は、自分の信心にふさわしくないと反省して四、五日でやめ、専修念仏の信心を伝えるために目的地である常陸へと向かわれたことです。

ところで「三部経」の千部読誦を発願されたことについて『恵信尼消息』には、そのときの状況を聖人は、

この十七八年がそのかみ、げにげにしく三部経を千部よみて、すざう利益のためにとてよみはじめてありしを……。

といわれたといい、恵信尼公も「三部経、げにげにしく千部よまんと候ひしことは」といわれてい

ます。「げにげにしく」には、「もっともらしく」という意味もありますが、「げに」を重ねて「まこと」であることを強調した言葉ですから、いまは「道理にかなっている」という意味とみなして、「作法(さほう)どおりに」三部経千部読誦をしようとされたことを意味していると見ることもできます。

しかし作法どおりにそれを実行するには、寺院か、少なくとも仏像が安置されていて、修法(しゅほう)ができる道場に籠(こ)もらなければなりません。しかし見ず知らずの、それも妻子を連れた旅の「俗聖(ぞくひじり)」が、いきなり願い出てそれを受け容れてくれる寺院はないはずです。というのは、たとえば浄土三部経を一回読むのに一時間半という超スピードで読んだとしましても十回読むのに十五時間はかかります。食事や休憩を入れると一日十回が限度でしょう。それでも千部読誦するには、百日かかります。もし百日で満願(まんがん)にしようとすると、堂籠(どうご)もりをしなければならないし、そのためには介添(かいぞ)え役の僧侶が必要でしょう。そしてその間、その寺は一般の行事を休まなければなりませんし、同行している聖人の妻子の生活の面倒を誰かが見なければなりません。

こうして三部経千部読誦を実行するには、少なくとも、三カ月以上もその地に滞在し、また強力な支援者がなければできないことだと思います。またもし土地の有力者の要請を受けてはじめたことだとしますと、わずか四、五日で中止することは、その依頼者を裏切ることになりますから決してできません。したがって三部経読誦は誰かに依頼されたことではなく、聖人の自発的な行為であったとしなければなりません。

自発的に衆生利益のために三部経の千部読誦を発願されたとして、その理由は何だったのでしょう。当時の鎌倉幕府の公式記録である『吾妻鏡』を見ますと、関東の各地の寺や、神社で盛んに雨乞いの修法が行われていたことがわかります。干魃による飢饉で、多くの餓死者を出したようです。おそらく宿場である佐貫の周辺では、多くの流民の悲惨な姿をご覧になったことでしょう。せめても三部経の読誦を通して人々の安穏を祈ろうとされたのではないでしょうか。それが当時、勧進聖とか念仏聖と呼ばれた民間宗教者たちの一般的な宗教行為だったからです。しかしわずか四、五日で、自分自身の宗教的な信念に照らして、それはふさわしくない行為であることに気づき、中止し、旅の最終目的地である常陸へ向かわれたというのです。

まず三部経の千部読誦を発願された場所について、『恵信尼消息』には、「武蔵の国やらん、上野の国やらん、佐貫と申すところ」といわれています。その佐貫がどこを指しているか必ずしも確定できませんが、今日では、上野国の佐貫（群馬県邑楽郡板倉町板倉）で、当時は利根川沿いの宿場だったことがわかっています。なお恵信尼公が、その場所を「武蔵の国であったか、上野の国であったか」と、定めかねておられるのは、そこに滞在されていた期間が短かったからでしょうが、佐貫が、両国の境にあって、上野に属したり武蔵に属したいきさつがあったからであるという説もあります。

有力門弟・性信房

ところが、最近になって、聖人がその地で三部経読誦の修法ができ、場合によっては長期滞在することもできた理由がわかってきました。それは後に聖人のもっとも有力な門弟の一人となる性信房の木像が、その地の寺で発見されたからです。昭和三十七年、群馬県邑楽郡板倉町板倉の宝福寺（法福寺）に安置されていた、像高八十センチの寄木造の木像の底板裏に、

　上野国佐貫庄板倉法福寺、先師横曾根性信上人御影、第三度御彩色畢、三□□□
　□□延文六年　辛丑二月十八日（以下略）

という墨書銘が確認されたことで、まずこの地が鎌倉時代に「佐貫庄」と呼ばれていたことがわかりました。さらにその木像が、下総国横曾根の報恩寺の開基で、広域にわたって展開した横曾根門徒のリーダーとして、親鸞聖人の信頼の厚かった性信房の「御影」であることがわかったのです。しかも性信房は、

性信房座像（宝福寺蔵）

その没後も法福寺では、「先師」と呼ばれる地位にあったばかりか、その木像が「性信上人御影」と呼ばれて、後々までその地の人々から尊崇されていたことがわかったのです。こうしてこの地が、性信房が率いる横曾根門徒の重要な拠点の一つであったことが確認できたわけです。

宝（法）福寺は今日、真言宗豊山派に属していますが、無住の寺になって衰退しています。しかし性信の最晩年に当たる文永九年（一二七二）に、法福寺に住んでいた証信が書いたといわれる縁起によれば、当時は阿弥陀仏像と聖徳太子像を安置した由緒ある寺であったといわれています。おそらく親鸞聖人一行は、性信房の案内で、法福寺に滞在し、性信房に帰依する佐貫の門信徒の歓迎を受けられたのでしょう。しかし佐貫の内外に拡がる飢饉の現状に心打たれて三部経の千部読誦を発願されたのでしょう。

性信房については後に詳しく触れることにしますが、報恩寺の荼毘塔銘によると、建治元年（一二七五）七月十七日、八十九歳で往生の素懐をとげたといわれています。この年月には多少問題もあるようですが、一往これによりますと、親鸞聖人の滅後、十三年目に往生を遂げたことになります。その木像が延文六年（一三六一）に三度目の彩色の補修をしたというのですから、木像がはじめて造られたのは、性信房の滅後間もないころだったと考えられます。

その性信房が、このとき聖人のお伴をしていたとしますと、佐貫での出来事が矛盾なく理解できるばかりか、さらに聖人の常陸進出の謎も解けるのではないでしょうか。

流罪赦免と関東移住③

先人の研究

越後から関東へ移られた理由について、例によって親鸞聖人自身は何もいわれていません。また最初の親鸞伝でもある、覚如上人の『伝絵』（『御伝鈔』）のなかにも全く触れられていません。その高弟・乗専法師が覚如上人の伝記を綴った『最須敬重絵詞』巻一には、わずかに、聖人の関東移住について、

> 明師聖人（法然）帰京のとき、おなじく勅免ありけれども、事の縁ありて東国にこえ、はじめ常陸国にして専修念仏をすすめたまふ。これひとへに辺鄙在家の輩をたすけて済度利生の本意をとげんとなり。

といわれていて、『恵信尼消息』と同じように「専修念仏の伝道」という根本動機は記されていますが、「事の縁」の詳細は何も記されていません。

しかし妻子を連れて、全く未知の世界へ移住するということは、当時の社会状況からいって考えられないことですから、それなりの生活の保障もあり、将来の見通しもあったからに違いないとい

うので、後世いろいろな推測がめぐらされてきました。

たとえば服部之総氏は、鎌倉時代に関東へ移住した北陸農民をたよって行かれたのではないかという仮説を主張されました（『親鸞ノート』九八頁）。これに対して五来重氏は、北陸農民の関東移住は、資料的にも、伝承的にも徳川末期に属することとして反論されています（「北陸門徒の関東移民」『史林』三三ノ六）。しかしまた、梅原隆章氏や松野純孝氏は、越後の国府近辺の地名と、関東での親鸞ゆかりの地名とに共通性のあること（横曾根、高田、稲田、さかい、長塚など）から、服部説にも再考の余地があろうといわれています。

笠原一男氏は、恵信尼公を、越後の土豪三善家の出身と見て、その所領が常陸にあって、そこを譲り受けての移住ではなかったかと見られています（『親鸞と東国農民』一五六頁）。しかしはっきりとした証拠はありません。

それらに対して細川行信氏は、根本の動機は、法然聖人の遺誡にしたがって、念仏の信心を関東の地に伝えたいという情熱に促されたからであるが、家族の生活を考えるといくつかの条件が揃ったからであろうといい、笠原氏と同じ三善氏との縁故関係と、井上善性（善性房）の招致という二つの仮説を立てられています。善性房の東国招致は、すでに栗岩英治氏が指摘された説ですが、さらに下総の下川辺庄に井上氏の飛領があったこと、その下河辺の磯部に、後に善性の弟子の明性房が住していたこと、親鸞聖人が常陸に入国された当初に住んでおられたと考えられる常陸の下妻の南方にほど近い蕗田に善性が住んでいたこと、後に親鸞聖人が移住される稲田の草庵の伝統を継いでいる越後高田の浄興寺が善性を開基とすること、また親鸞聖人の御消息を最初に編纂した人が善性であったこと（善性本『御消息集』）、さらに信州飯山の西敬寺所蔵の「寺社領並由緒目録」の記録などから推測して、蕗田の善性房が聖人をお招きしたのではないかといわれています（『真宗成立史の研究』九四頁）。この細川氏の善性房の聖人招待説は寺伝にもあり、考慮すべき説です。

動機と状況

さて聖人の関東移住の動機やその状況は、やはり聖人の『御消息』や、『恵信尼消息』、それと関東の門弟たちの動向とを併せて見ていくことによって、自ずから明らかになるのではないでしょうか。まず第一は、すでに述べたように『恵信尼消息』に、三部経千部読誦を中止された理由として、聖人自身が、五十九歳のときに、十七年前の上野・佐貫での出来事を振り返って、

> げにげにしく三部経を千部よみて、すざう（衆生）利益のためにとてよみはじめてありしを、これはなにごとぞ、〈自信教人信難中転更難〉とて、みづから信じ、人を教へて信ぜしむること、まことの仏恩を報ひたてまつるものと信じながら、名号のほかにはなにごとの不足にて、かならず経をよまんとするやと、（中略）思ひかへしてよませたまはで、常陸へはおはしまして候ひしなり。

といわれていました。自ら信じている選択本願念仏の道を、有縁の人々に伝え、仏恩に報いたてまつる以外に自分の生きる道はないと、初心に返って常陸へと向かったというのです。したがって聖人の関東移住の根本動機は、選択本願念仏、いいかえれば法然聖人から伝授された専修念仏の伝道にあったことは明らかです。そしてまた移住の目的地が常陸であったこともわかります。

第二に、その本願念仏の伝道には、決して念仏者以外の力を借らないということも生涯一貫した基本姿勢でした。聖人が晩年、善鸞事件の渦中で真浄房宛てに出された『御消息』のなかで、善鸞の言動を批判して、

余のひとびとを縁として、念仏をひろめんと、はからひあはせたまふこと、ゆめゆめあるべからず候ふ。そのところに念仏のひろまり候はんことも、仏天の御はからひにて候ふべし。（中略）余の人を強縁として念仏ひろめよと申すこと、ゆめゆめ申したること候はず。きはまれるひがことにて候ふ。

といわれています。「余のひとを強縁」として念仏を広めるという場合の「余のひと」とは、

信濃の善光寺（長野市）

念仏の信者でない人を指し、「強縁とする」とは、強大な権力を借りて力ずくで物事を成就することです。つまり念仏者でもない有力者の力を借りて、強制的に念仏を広めるという意味で、ときには権力を借りて反対派を弾圧し、自分たちの立場を有利にすることを意味していました。

親鸞聖人自身が経験された承元の法難は、南都・北嶺の仏法者が、「国家権力」に訴えて専修念仏を弾圧した、仏教者としてあるまじき振る舞いであると聖人は断罪されていました。本願念仏の伝道は、信心の行者一人ひとりの自発的な仏恩報謝の行為であるべきです。それはどんなにささやかに見えていても、その根元はまさに「仏天の御はからい」であり、如来より賜った「大悲を行ずる」尊厳な自行化他（自利利他）の大行だったからです。その意味で、聖人がたとえ生活のためとはいえ、念仏者以外の力を借りることを前提に、関東へ進出されたとは考えられません。

したがって第三に、聖人を関東に迎えたのは、まさに名もない念仏聖たちだったと思います。おそらく信濃の善光寺などを本寺としている勧進聖たちの集団で、その中心人物は、飯沼あたりを根拠地として、常陸、下総に勧進圏を広めつつあった性信房や、先に述べた下総蕗田の善性房たちであったと考えられます。

彼らは『選択集』の伝授を受け、その真影まで拝受しているという親鸞聖人から、専修念仏の伝授を受けようとしたのです。それによって、法然聖人の流れを汲む念仏者としての信念と、聖社会での位置づけを確立したかったのだと思います。そこでかねてから親鸞聖人の教えを受けていた性信房が代表して、聖人を越後までお迎えに参上し、関東へお供をしたと考えられます。

「小島の草庵」にて

恵信尼公の夢

越後から上野の佐貫の庄を経て常陸へ移住された親鸞聖人が、どこに最初の居を構えられたか、正確に知ることはできません。しかし光闡坊顕誓（一四九九～一五七〇）の『反故裏書』によれば、

> 常陸の国、下妻の三月寺小島に三年ばかり、同じく稲田の郷に十年ばかり御座をなされぬ。これは筑波山の北のほとり、板敷山のふもとなり。其後相模国あしさけの郡、高津の真楽寺、また鎌倉にも居し給しと也。

といわれていますから、下妻の小島に三年ばかりお住みになったという古い伝承があったようです。もっとも最初から稲田に住み、後に小島へ移られたという伝承もありますが、今は『反故裏書』に従っておきます。

常陸の霊峰・筑波山を東に仰ぐ、下妻の小島（茨城県下妻市小島）には、「小島の草庵」の跡が、聖人お手植えと伝えられる銀杏の大木とともに大切に保存されています。伝説によれば、小島の郡司・小島武弘の招きによるといわれています。その地に住むとなれば、土地の有力者の承認がなければならないから、そういうことになりましょうが、おそらくそうした手回しは、先に述べた蕗田の善性房や、横曾根の性信房がすませていたはずです。

性信房も善性房も、飯沼の性信、飯沼の善性とも呼ばれているように、広い意味で飯沼地方を本拠としていました。飯沼というのは、茨城県の西南地方（下総と常陸にまたがる地方）を流れる鬼怒川の西部にあった南北二〇数キロ、東西二、三キロの細長い湖沼の名でした。江戸時代に干拓され、見事な水田地帯に変わりますが、それまで飯沼の周辺は低湿地帯が拡がっていました。その飯沼の南端が横曾根であり、蕗田はその北方に位置していました。小島は、飯沼から北東に鬼怒川を越えたところで、常陸に属していますが、飯沼地方に隣接していますから、おそらく性信房たちの活動範囲（勧進圏）だっ

小島の草庵跡（茨城県下妻市）

たと思います。

なお小島の草庵を去って稲田に移られるとき、その地は弟子の蓮位房に譲られ、彼はそこに三月寺を建てたといわれています。しかし間もなく寺は失われたようです。蓮位房は、源三位頼政の孫に当たるといわれており、聖人が御入滅になるまで、秘書のようにお仕えした人物でした。

ところで小島の草庵におられたころの出来事として、次のようなエピソードが伝えられています。先に述べた佐貫での三部経千部読誦の記述と同じく、聖人の御入滅の知らせを受けた直後に、恵信尼公が末娘の覚信尼に宛てて出された弘長三年二月十日付けの『恵信尼消息』のなかの一節です。

そこには下妻の「さかいの郷」に滞在していたときの出来事といわれていますが、それが小島の草庵を指しているのか、それとも、小島より少し北の旧坂井村（茨城県下妻市坂井）のことなのか、正確にその場所を特定することはできません。しかしいずれにせよ小島の草庵に住んでおられたころの出来事には違いないと思います。それは恵信尼公がご覧になった次のような夢の記録です。原文は省略し、現代語訳しておきます。

> さて常陸の下妻というところに「さかいの郷」というところがありますが、そこにいたとき、夢を見ました。どこかのお堂の落慶法要の宵祭であるらしく、松明が明るくあたりを照らし音楽が奏でられていました。お堂の前には、鳥居のように横木を渡したものがあり、二体の仏像が掛けてありました。一体は、お顔は見えず中央部はみ仏の頭光のように円形に輝いていましたが、もう一体はまさしくみ仏のお顔でした。不思議に思って、「これは何という仏様であら

せられますか」と傍らの人に尋ねると、お答えくださった方はどなたかわかりませんが、「あの光ばかりであらせられるのは、法然聖人でいらっしゃいます。大勢至菩薩であらせられますぞ」ということでした。「それではもう一体のご絵像は」と尋ねますと、「あれは観世音菩薩であらせられます。あの方こそ善信（親鸞）の御房であらせられますぞ」と申されたので驚いて目が覚めました。翌朝、法然聖人の御事だけを殿（聖人）に申しましたところ、「そなたの夢は実夢である。法然聖人は、阿弥陀如来の智慧の徳を表す大勢至菩薩の化身であるといわれているが、智慧は光明で表すから、光ばかりであらせられたというのは道理にかなっている」と仰せられました。しかし殿が観音様であらせられましたということは申しませんでしたが、心の内ではそれ以後、殿は普通のお方ではなく観音様の化身であると信じてお仕えして参りました。亡くなられた今、そなたにだけは伝えておきます。そのようにお心得なさいませ。

というお手紙です。

観音菩薩として

親鸞聖人は、二十九歳のとき、六角堂に参籠し、救世観世音菩薩（聖徳太子の本地）の夢告を受けて、法然聖人の弟子になっていかれたことは、すでに詳しく述べたとおりです。そしてその夢告に従って、やがて自分の妻となってくれる方を、観音の化身と信じておられたことは確かです。ところが妻の恵信尼公もまた、この下妻の夢想以来、誰にも明かさなかったが、夫である聖人を心のそこから、観音様の化身と信じ切って、生涯仕えてこられたことがわかります。

こうしてお二人はそれぞれ、夫は妻を、妻は夫を観世音菩薩の化身であるという夢をご覧になったわけですが、それをただの夢物語で終わらせずに、その夢のとおりに生きていかれたところに尊い意味があったというべきでしょう。

観世音菩薩は、頭上（ずじょう）の宝冠（ほうかん）に阿弥陀仏を頂いておられるように、如来の慈悲の徳を行動に顕（あらわ）していく菩薩です。慈悲の「悲」とは「カルナ」の訳語で、痛みの共感を意味しています。相手の痛みが自分の痛みとして響く鋭敏な心のことです。そこから相手の幸せを願う想いが必然的に起こってきます。それを「マイトリ」といい、「慈」と訳しているのです。ですから慈悲とは、自他の隔てを超えて響き合う深い「いのち」の一体感に根ざした心であり、常に相手を思いやる生き方のことです。

この菩薩を「観世音」と呼ぶのは、世間の人々の悲しみの声（世音）を聞きとどけ（観）て、その人に一番適切な姿をとって寄り添い、「苦難は私が引き受けるから、あなたはどうぞ幸せになってください」と、はたらき続ける菩薩だからだといわれています。それゆえ観音を「大悲者」とも、「無畏（むい）（安らぎ）を施す者」ともいわれているのです。

聖人ご夫妻は、次々と襲いかかるさまざまな苦難を、念仏をとおして響いてくる如来のみ教えに導かれながら、お互いに相手の身になって痛みを分けあい、いたわりあって乗り越えていかれたのでした。それは泥沼のような世俗の生活のなかに白蓮華（びゃくれんげ）が開くような仏道としての人生でした。

「稲田の草庵」にて

地元の有力者が法然聖人に帰依

親鸞聖人が、小島の草庵から、笠間郡稲田の草庵へと、伝道の拠点を移されたのが、いつであるか、また移転の理由が何であったかは、例によって明確に知ることはできません。しかし、先にも触れたように、顕誓の『反故裏書』に「小島に三年ばかり、同じく稲田の郷に十年ばかり御座をなされぬ」といわれているのによれば、建保五年ごろ、聖人四十五歳のころであったようです。稲田（茨城県笠間市稲田）は、下妻の小島から北東へ、真壁郡を横断して直線コースで行けば、三〇キロたらずの位置にあり、常陸の中央部であるだけではなく下野にも近く、下総、常陸の伝道の拠点としては最適の場所でした。

聖人が移住されたころ、稲田の郷を支配していたのは、塩屋朝業だったといわれています。朝業は、下野国塩屋郷（栃木県塩谷郡）を本拠とする武士で、北関東に大きな勢力を持っていた宇都宮頼綱の弟に当たります。頼綱の妻は、北条時政の娘で、源頼朝の妻、北条政子の妹にあたりました。しかし元久二年（一二〇五）、幕府の内紛に巻き込まれて、出家し、京都にのぼって法然聖人の弟子となったといわれています。聖人御流罪の後は、法然門下の善恵房証空上人（西山派の派祖）について浄土の法門を学んでいます。

稲田の郷を支配していた弟の塩屋朝業は、将軍源実朝の信任が厚く、とくに和歌を通じての交流が深かったようですが、承久元年（建保七年・一二一九）実朝の死後、出家して信生法師と名告っています。嘉禄元年（一二二五）、上京したときの紀行文『信生法師日記』は有名です。彼も兄の頼綱と同じように、法然聖人の教えに深く帰依していました。嘉禄の法難のとき、法然聖人の御廟所を暴き、聖人の御遺骸を鴨川へ流そうとした、比叡山の荒法師の暴挙を止めさせたのは、頼綱、朝業兄弟のはたらきでした。

親鸞聖人が晩年に編集・書写された法然聖人の法語・消息集『西方指南抄』の最後に、法然聖人から、武蔵の国の住人「津戸の三郎為守」

茨城県笠間の西念寺。ここに親鸞聖人の稲田草庵があったと伝わる

に与えられた御消息が収録されています。その末尾に、「おほご、しのや、つのと、この三人は、聖人根本の弟子なり」という後書きが記されています。「おほご」というのは、上野国の御家人、大胡太郎実秀を指していますが、「しのや」とは、「しおや」のことで、「塩屋朝業」を指しているといわれています。

いずれにせよ頼綱、朝業兄弟は、法然聖人の専修念仏に親近感を持っていたことは、親鸞聖人が稲田の郷を選定されるときの要件の一つと考えられます。朝業が出家した後、笠間郡を支配したのは、朝業の次男、笠間時朝でした。彼もまた父や伯父と同じく和歌を能くした文化人でしたが、建長七年（一二五五）、『宋版一切経』を、鹿島神宮へ奉納したことはよく知られています。

稲田での活動

親鸞聖人の稲田移住について、覚如上人の『親鸞伝絵』下、第二段には、

聖人越後国より常陸国に越えて、笠間郡稲田郷といふところに隠居したまふ。幽棲を占むといへども道俗あとをたづね、蓬戸を閉づといへども貴賤ちまたにあふる。仏法弘通の本懐ここに成就し、衆生利益の宿念たちまちに満足す。このとき聖人仰せられてのたまはく、「救世菩薩の告命を受けしいにしへの夢、すでにいま符合せり」と。

といわれています。ただしこれによれば覚如上人は、親鸞聖人は越後から稲田へ直行されたと理解していたようです。文面だけではなく、『伝絵』の絵を見ますと、越後から信濃、上野を経て下野

に入り、歌枕で有名な名勝「室の八嶋」を見ながら常陸へはいり、稲田の郷へ到着されたように描かれているからです。この文章を簡単に現代語に訳しておきましょう。

親鸞聖人は、越後の国から、常陸の笠間郡稲田の郷に移り、そこにひっそりとお住まいになりました。しかし縁あって聖人にお遇いした人々は、そのずばぬけた学徳に心をうたれ、聖人を慕って土地の有力者や、各地の念仏の聖たちをはじめ、男女を問わず多くの人々が詰めかけ、粗末な草庵があふれるほどの賑わいを見せるようになりました。聖人がかねてから懐かれていた、阿弥陀仏の本願の心を、一人でも多くの苦しみ悩む人々に聞いていただきたいという念願はこうして達成されたのでした。そのとき聖人は、「京都六角堂の救世観音菩薩から承った夢のお告げがそのとおりに実現した」と仰せられたということです。

さてこの一段は古来「稲田興法」と呼ばれており、親鸞聖人の生涯のなかでも、自行化他（自利利他）の活動がもっとも顕著に表れた時期でした。すなわち一方では多くの門弟を育てられると同時に、浄土真宗の立教開宗の根本聖典である『顕浄土真実教行証文類』六巻の原型が成立していくのもこの時期でした。

親鸞聖人の門弟の名前を記した『親鸞聖人門侶交名牒』という古記録があります。愛知県岡崎の妙源寺に伝わる妙源寺本は康永三年（一三四四）書写の奥書が残っています。鎌倉時代の末期、幕府が時衆系の遊行集団を取り締まるとき、真宗系の門徒も同列に見て取り締まりの対象になるのを防ぐために、全く違った集団であることを証明する必要があって、幕府へ提出したものといわれています。したがってこれを提出したときに各地に存在していた主な門弟集団の法系を示したものです。ただし後に述べるように聖人の門弟のすべてを包括したものではありません。まずはじめに聖人の直弟子を挙げ、ついで孫弟子、曾孫弟子を記しています。いま系統的には孫弟子であっても、明らかに聖人から面授口決（めんじゅくけつ）（直接師に会って法門を伝授されること）された直弟子である人々を入れて国別に分類しますと、常陸が二十名、下総が五名、下野が五名、武蔵が一名、陸奥（むつ）が七名、越後が一名、遠江（とおとうみ）が一名、不明が一名、京都が七名で、合計四十八名です。しかしそれ以外に『親鸞聖人御消息』などによって名前が確認できる門弟が二十名ばかりありますので、おそらく聖人から法門の伝授を受けた人は百名ぐらいはいただろうといわれています。

板敷山での出来事

修験道行者の反発

親鸞聖人が、稲田の草庵を拠点として、活発な教化活動を展開されますと、常陸一円のとくに「聖」と呼ばれる人々の集団に、激震が走ったと考えられます。堅固な信心と、ずば抜けた学識と、そして法然聖人から『選択集』の伝授を受け、その肖像画の図画まで許された高弟である親鸞聖人と肩を並べられるような学僧は当時の関東にはいなかったはずです。性信房や善性房などの紹介で、あるいは直接草庵を尋ねるなりして聖人にお目にかかった念仏聖たちは、先を争うようにしてその門下に加わっていきました。

しかし、その反面、自分の弟子を奪われたり、勧進圏（縄張り）を荒らされたと感じる人たちもいたわけです。そんな状況に置かれた山臥（山伏）の集団がありました。山伏というのは、修験道の行者の俗称です。修験道とは、奈良時代に出た役小角（役行者）を祖とする神仏習合の仏教で、深山幽谷に籠もって修行し、山の霊気を受けて、大日如来や、その化身である不動明王と一体となって即身成仏し、通常の人にはない、超自然的な能力を獲得し、その呪力によって邪神・邪鬼を鎮め、除災・招福を行う仏教の一派です。

常陸では国の中心部にそびえる筑波山がその修行の地として有名でした。筑波山は、筑波山地の南端にそびえる主峰で、標高は八七七メートルですが、関東では、西に富士、東に筑波と並び称される名峰です。山頂は男体山と女体山とに分かれていますが、そこには、奇岩、怪石が露出していて、神秘的な雰囲気を作り出しています。古代から神の宿る山と信じられており、とりわけ修験道の山伏たちの行場として知られていました。筑波山地は、筑波山を南端に北東に広がっていますが、加波山（七〇九メートル）を中心にした西列と、吾国山（五一八メートル）を中心にした東列に展開しており、その中間の小高い板敷山の山麓を縫うようにして笠間郡から、南の国府（石岡市）、霞ヶ浦、鹿島方面に通ずる峠道が通じていました。板敷山に護摩壇が残っているように山伏たちにとっては、この筑波山地全体が彼らの行場であり、聖域だったのです。

覚如上人の『御伝鈔』下・第三段には、稲田時代の聖人にまつわる事跡として、「明法房の回心」が伝えられています。本文は省略して、現代語に訳して紹介しましょう。

親鸞聖人が、稲田の草庵を拠点として、法然聖人が勧められた専修念仏の教えをお説きになりますと、法縁に遇った人々の多くは信順し、疑ったり謗ったりする人は少なかったといわれています。しかしそんななかで、一人の僧（山伏）は、専修念仏に敵愾心をいだき、聖人を殺害しようと、その機会を狙うようになりました（僧の名は『御伝鈔』には挙げられていませんが、弁円といったと伝えられています）。

そのころ聖人は常陸の南東部の、鹿島や、行方（なめかた）の方面に散在する門弟たちを教化するために、板敷山の峠道を頻繁（ひんぱん）に往来されていましたが、その辺り一帯は、筑波山地を行場とする、弁円たち山伏の勢力圏でした。そこで弁円は、板敷山の峠道で待ち伏せをすることにし、何人かの仲間を集めて、必殺の体制を整えて待ったのです。当時の板敷峠の道は、上の路と下の路の二本に分かれていましたが、人里を遠く離れ、いずれも樹木の生い茂った、狭く険しい山路で、待ち伏せをするには絶好の地でした。

聖人は、早朝に、いつものように供を一人連れただけで板敷山を越えられるという情報を聞いた弁円は、完全武装をした仲間とともに下の路で待ち伏せをしていると、聖人は上の路を通り抜けられる。それではと、帰りを狙って上の路で待ち伏せをしていると、下の路を通って帰られるというように、何度待ち伏せをしても行き違いになって、聖人を捕らえることができま

山伏・弁円の護摩檀跡（板敷山）

せんでした。仲間たちに問いただしてみても、こちらの待ち伏せ情報が、聖人のがわに漏れたはずはない。それなのにまるでこちらの計画を知り尽くしているかのような、この行き違いはただ事ではないと、弁円は次第に不安になってきました。もしかしたら、親鸞は、自分よりずっと勝れた験者で、すべてを見通している男かもしれない。もしそうならば、逆に自分たちが呪い殺されるかもしれない、そう思うと居ても立ってもおれなくなって、ついに稲田の草庵を尋ね、じかに親鸞の力量を試してみようと思い立ったのでした。

山伏・弁円の帰依

柿色の衣に黒の頭巾をかぶり、胴巻きを着け、腰には太刀を帯び、手には弦を張った弓を携え、いつでも襲撃のできるいでたちで、「親鸞殿に会いたい」と、尋ねてきた弁円の形相を見て、取り次ぎの門弟は怯えたに違いありません。そのころになると、山伏の一団が聖人の命を狙っているという噂が門弟たちにも漏れ聞こえ、聖人のお耳にも届いていました。ところが取り次ぎを聞かれた聖人は、何のためらいもなく、普段のお姿のまま門口へ出てこられました。『御伝鈔』には、「上人左右なく出であひたまひけり」と記されています。自分を殺すかもしれない人間が、目の前に現れているというのに、微塵の恐怖心も、警戒心も示さず、無造作に目の前にお立ちになった聖人の顔を見たとき、弁円は、いまだかつて経験したことのない感動を覚えたのでした。今まで弁円の前に立った人は、敵であるか、味方であるか、それともお互いに全く関心のない人でした。ところが今目の前に立っている人は、そのどれでもなく、穏やかな目に深い慈愛を込めて弁円を見つめている不思議な眼差しをもつ人物でした。

弁円はいつの間にか聖人の前にひれ伏していました。あの燃え盛っていた敵意は消え、涙が止めどなく流れてきました。彼は聖人に、これまで自分で勝手に思い描いていた怨念と殺害計画まで包み隠さず申し上げてお許しを請いました。しかし聖人は、少しも驚かれた様子はありませんでした。こうして弁円はその場で、山伏の装束（しょうぞく）を脱ぎ捨て、太刀を捨て、弓の弦を切り、聖人の弟子に加えていただいたのでした。明法房とは、このとき聖人が与えられた法名でした。明法房は建長三年（一二五一）に往生を遂げます。墓は、常陸大宮（ひたちおおみや）市東野の法専寺の裏山を越えた、元の住坊・法徳院の跡にあります。

『教行証文類』の撰述①

いつ、どこで撰述されたのか

稲田の草庵に隠棲されていたころの聖人の業績に、『顕浄土真実教行証文類』六巻（『教行証文類』とも『教行信証』とも略称する）の撰述があります。聖人の主著であり、後世その門流を継いだ人々から、立教開宗の根本聖典（『本典』）として尊崇されてきた聖典でした。

しかしこの書の撰述年代は、必ずしも明らかではありません。通説では元仁元年（一二二四）、聖人五十二歳のときといわれていますが、厳密な意味でそのように決定することができないからです。元仁元年撰述説は、江戸時代に真宗高田派の五天良空師（一六六九～一七三三）が、『親鸞聖人正統伝』のなかで唱えた説でした。それによれば、聖人は四十八歳ころから資料を集めておられたが、それを六巻にまとめ、「元仁元年甲申正月十五日より、稲田において、教行信証を書き揃えたまふ」とあります。しかし清書されたのは五十六歳の秋であったといっています。この説は高田派に伝承された伝記に依ったといっていますが、その資料そのものに問題があって、そのまま認めるわけにはいかないからです。それに加えて『教行証文類』の現存する唯一の御自筆本の書誌学的な研究が進むにつれて、いろいろなことがわかってきたからです。

末法の到来

従来元仁元年撰述説が信用されてきたのは、『教行証文類』の最後の巻である「化身土文類」本に、釈尊の御入滅のときを算定して、それは中国の歴史でいえば、周の第五の主穆王五十三年壬申（紀元前九四九年）に当たりますが、それからわが元仁元年まで二一七三年を経ているといわれていたからです。

しかし、たまたま「化身土文類」を書かれていたときが元仁元年だったから、仏滅年代の算定基準年とされたというのは、あまりにも偶然すぎます。実は貞応三年が元仁元年に改元されたのはその年の十一月二十日でしたから、その知らせが朝廷から鎌倉へ伝達され、さらに常陸の国府を経て、笠間郡の稲田に隠棲しておられた聖人の耳に届いたのは、早くて十二月の二十日過ぎで、どうかすると翌年になっていた可能性もあります。

聖人が仏滅年代を算定し、あえて元仁元年まで、どれほどの年月を経ているかを問題にされたのには、その年（貞応三年）に、比叡山延暦寺から朝廷へ上奏された「延暦寺大衆解」（「停止一向専修記」とも「延暦寺奏状」ともいう）に対応するためにどうしても必要だったからです。すなわち貞応三年五月十七日、延暦寺大衆法師等三千人の合議として、専修念仏集団に対する非難が朝廷へ上奏され、それを受けて八月五日に専修念仏停止の勅命が下り、三年後に起こる「嘉禄の法難」の序奏がはじまったのでした。

この「延暦寺奏状」に掲げられた六カ条の失のほとんどは、先に述べた『興福寺奏状』と同じ趣旨でしたが、第四条の「一、諸教の修行を捨て、専念弥陀仏を広行し、流布する時節、未だ到らざる事」という項だけは新しく加えられていました。それは法然一門が強調していた末法、法滅論への非難でした。

すなわち、専修念仏者は、今日はすでに末法に入っているから、自力難行の道を説く顕密の教法は成仏道としては無効になっており、ただ阿弥陀仏を称える念仏以外に往生成仏の法はないと主張して専修念仏をすすめている。その主張を裏付けるために「末法万年には余教悉く滅し、弥陀の一教のみ、物を利すこと偏え

『教行証文類』（重文・西本願寺蔵）

に増す」という慈恩大師の『西方要決』の文をあげている。しかし『要決』には、続いて『無量寿経』の「時は末法を経て一万年に満てば、一切の諸経は並び従って滅没す。釈迦の恩重くして教を留めること百年す」という文を引いて、それは末法万年を経過した後のことであると断ってある。すなわち末法一万年間は、「経道滅尽の時」ではなく、「念仏偏増の時」でもない。とくに慈恩大師の釈は『善見律』に依っているが、そこには如来滅後一万年中の前五千年は「証法の時」であり、後五千年は「学法の時」であり、一万年後になってはじめて「経書滅没す」と説かれているから、今日はまだ修行すればさとりの開ける時代とみなされていたことがわかる、というのです。

それに釈尊の入滅年代には種々の異説があり、正像末の三時の区分にも異説があるが、天台大師の『浄名経疏』は、費長房説に依り、正法千年、像法千年、末法万年説を採用されているから、今は像法の最中であって、末法ではない。たとえ、法上説を採り、正法五百年説によって、末法であるといっても、まだ初年であって、修行さえすれば勝利を得る「証法の時」である。にもかかわらず専修念仏者は、今日は「衆経滅尽」の時であるといい、念仏以外に出離の道なしとして、釈尊の遺教を軽んじ、仏法を滅ぼそうとしている、と非難していたのです。

親鸞聖人が、この元仁元年を現時点として仏滅年代を算定する直前に、

しかれば穢悪・濁世の群生、末代の旨際を知らず、僧尼の威儀を毀る。今の時の道俗、おのれが分を思量せよ。

と批判されたのは、当時の延暦寺の大衆とその支持者に向けた言葉であり、続いて日本天台宗の宗

祖・伝教大師最澄の『末法灯明記』のほとんど全文を引用して、破戒、無戒の比丘しかいなくなる末法の有様を詳説されたのは、明らかに「延暦寺奏状」の第四条に対する反論だったというべきです。すなわち『灯明記』には、まず仏滅年代について、法上説と費長房説とを挙げ、前者によれば仏滅は周穆王の五十一（三が正しい）年壬申（紀元前九四九年）に当たり、後者によれば周匡王班四年壬子（紀元前六〇九年）に当たる。また正像末の三時の時代区分にしても、正法五百年、像法千年、末法万年説と、正法千年、像法千年、末法万年説とがあるが、いずれにせよ延暦二十年（八〇一）という現時点は、末法に入っているか、そうでなくても像法の最末の時であって、すでにその行事は末法に同ずとされていました。

この伝教大師の説に従えば、元仁元年（一二二四・貞応三年改元）の現時点は明らかに末法であり、厳密な意味で戒律を持っている行者はいなくなり、最早自力でさとりの開ける時代ではなくなっていると断定するために用いられた元号だったのです。なお聖人が貞応三年といわずに、元仁年年とされたのは、改元になった年は改元後の元号で記述するという習慣に従われたからです。

『教行証文類』の撰述②

書名の意味

ところでこの書物を親鸞聖人は『顕浄土真実教行証文類』と名づけられていますが、なぜ聖人は「往生浄土に関する真実なる教と行と証を顕す文を分類し聚集する書」というような名称で、その主著を著されたのでしょうか。

それを解き明かす手がかりは、先に述べた「貞応三年（元仁元年）」の「延暦寺奏状」の第四条と深い関わりがあります。そこには次のようなことが述べてありました。法然に扇動された専修念仏者は、今日はすでに「末法」に入っているから、自力聖道の難行を修行しても決して成仏はできないといい、自力の諸行を捨てて、本願他力を信じ、念仏往生する以外に生死を超える道はないと宣伝している。しかし天台大師によれば、今日はまだ像法の時代であるといわれているし、『善見律毘婆沙』には、如来滅後一万年中の前五千年は「証法の時」であり、後五千年は「学法の時」であるといわれているから、たとえ末法であるとしても、今日はまだ修行すればさとりの開ける時代である。それを国を挙げて尊崇している天台、真言、華厳、三論、法相等の諸教を成仏の法ではないと誹謗することは許せない大罪であるというのです。

それに対して親鸞聖人は、伝教大師最澄の『末法灯明記』のほとんど全文を引用して、破戒、無戒の比丘しかいなくなる末法の有様を述べ、元仁元年の時点で、すでに末法であることを証明して、「延暦寺奏状」を批判していかれたのでした。その『末法灯明記』には、法相宗の大成者・慈恩大師（六三二～六八二）の『金剛般若経会釈』によって、正法五百年、像法千年、末法万年という三時説と、費長房等の正法千年、像法千年、末法万年の二説を挙げ、費長房説によって、像法の終末期である今日では、もはや末法と同じく「言教のみがあって、行証のない時代である」といわれていました。正法を五百年とみなすか、千年とみなすかの違いはあっても、末法とは

稲田草庵を離れるときに親鸞聖人がふりかえられたという「みかえり橋」

教行証のなか行証のない時代であるという認識は、慈恩大師の考えを踏襲されたものでした。慈恩大師の『法華経玄賛』や、『大乗法苑義林章』などには、仏陀が入滅されて、時代が降るに従って、正法、像法、末法と仏教は次第に衰滅し、遂には滅びていくという説を唱えられ、大きな衝撃を仏教の内外に与えたのでした。仏教とは、釈尊が説き示された「仏陀に成る生き方」のことです。教えられたとおりに実践することによって、お釈迦さまと同じように生死を超えた仏陀としての結果を獲得していくわけです。したがって仏教とは、仏陀が説かれた教え（教）と、教えのとおりに生きる実践（行）と、その行いの証として仏陀に成るという結果（証）がもたらされるという三つの要素から成り立っていました。それを慈恩大師は教、行、証の三法と表していかれたのでした。

　ところが自力聖道門の修行は、戒律が基礎になっており、もし戒律が乱れたならば、砂場に家を建てたようなもので、わずかな風圧や、地震でも建物が壊れるように、一生懸命に行った自利利他の修行も、ちょっとした悪縁に触れると挫折し、退転してしまって、さとりの実を結ぶことはできません。それでも釈尊のご在世中や、お隠れになって間のないころは、人々の宗教的感性も鋭敏であり、社会も仏道修行に対して協力的でしたし、それに釈尊という仏陀の強力な感化力と相まって、比較的修行もしやすく、戒律も厳重に持つことができましたから、勝れた修行者は見事に煩悩を克服してさとりを実現することができました。そんな教と行と証が揃って、文字どおり仏法が正しく行われている時代を「正法」といいます。しかし仏陀の滅後五百年ほど経過しますと、仏陀の感化力も次第に衰え、禁欲的な仏道修行とは反対に、社会全体が我欲の追求に狂いはじめ、世俗化していきます。その影響で修行者の修行能力も衰え、戒律が緩んできますから、たとえ出家して修行していても、もはやさとりを開く力がなくなり、証果を得ることができない時代が来ます。教と行とは残っていますが、証が欠けた時代が来るのです。それを「像法」と呼びます。像とは似ているということで、正法に形は似ているが、悟りの開けない仏法は、もはや本物ではなくなっているからです。

末法における真実の教と行と証

そうした時代がさらに千年続いて、仏滅後千五百年が過ぎますと、釈尊の感化力はさらに薄れ、修行者の能力も低下して、世間は、愛欲と嗔恚（しんに）と邪見が濁流のように総（すべ）てを押し流し、戦乱に明け暮れるようになります。たまたま出家しても戒律は持てなくなり、世俗の名誉や利益をむさぼるための出家に堕落していきますから、さとりを開く者は一人もいなくなります。教（経典）だけは残っていますが、行もなく、証もなくなりますから、「末法」というのです。末とは大木の先端の小枝のことで、そこから先はもはや木ではなくなる末端のことです。つまり仏教が消えかかっている末端ということです。こうして、わずかに仏陀の教説は残っているが、もはや行も証もなくなった時代が、一万年も続き、やがて、その経典さえもこの世から消えてしまう「法滅（ほうめつ）」という暗黒の時代を迎えるというのです。

ところでこのように自力聖道の教えが、時代とともに移り変わり、さとりを開けなくなるのは、それが自力で煩悩を断ち切って成仏しようとする教えだったからです。釈尊はそれを見通しておられたから、死ぬまで煩悩具足の凡夫でしかありえない愚者の救われる仏道をお説きになっていました。それが『大無量寿経』に説かれた阿弥陀仏の選択本願の仏教、念仏成仏の仏道だったのです。戒律を持つこともできず、修行することもできない凡夫のために阿弥陀仏は念仏成仏の本願を成就してくださった。私どもが、『大無量寿経』という真実教（教）によって、この道を行けと釈尊が指示されたとおり、南無阿弥陀仏という本願の念仏を浄土から届いた浄土への大道（行）と領受するところに、自然に往生成仏（証）が実現する。これが如来より賜った真実の教と行と証であって、そこには正法、像法、末法の区別はありません。いつでも、誰でも隔てなく救われる他力浄土門の教行証です。それこそ弥陀、釈迦、諸仏の本意に契った真実の仏道であると顕彰するために著されたのが、『教行証文類』だったのです。こうして元仁元年が語る重大な意味の一つは、この書名の誕生であったことがわかりましょう。

晩年の親鸞聖人

親鸞聖人の帰洛の事情

なぜ京都に戻られたのか

古来、親鸞聖人の関東在住を二十年といい伝えてきました。その根拠は明らかではありませんが、こういう伝承は無視できないと思います。先に述べたように『恵信尼消息』に依れば、常陸に移住されたのは三部経の千部読誦を発願された建保二年（一二一四）、四十二歳のときでしたから、二十年後として文暦元年（一二三四）六十二歳ごろに京都に戻られたことになります。なお顕誓の『反故裏書』に依れば、聖人は常陸の小島に三年、稲田に十年、相模へ移り、鎌倉や江津（国府津）に七年間居住された後、貞永元年（一二三二）六十歳のとき、箱根を越えて帰洛されたという伝説を挙げています。ただ先に述べた寛喜三年四月八日の病臥は、関東時代であったと考えられるし、鎌倉での一切経校合は、『口伝鈔』によれば、稲田在住のころで、それも北条時頼（一二二七〜一二六三）が九歳のときのことであったといいますから、文暦二年（嘉禎元年・一二三五）六十三歳のときはまだ関東に滞在されていたことになります。しかし後にいうように『教行証文類』の草稿本からの清書が、六十三歳ころ、おそらく京都でなされたと考えられるので、六十二歳か、六十三歳のある時期に帰洛されたと見るべきでしょう。

ところで、二十年間も住み慣れた関東を離れて、帰洛された理由についても、聖人は何も仰っていませんから、正確なことはわかりません。しかし研究者たちはいろいろな説を挙げています。その第一説は、『教行証文類』を完成するために、文献の入手しやすい京都へ帰られたという説です。第二説は、鎌倉幕府が、文暦二年（嘉禎元年）七月、念仏者の「都鄙往来を禁止する」という禁令を出したことが原因ではないかという説もあります。もっとも京都では文暦元年六月に専修念仏停止の勅命が下っていましたから、法然門流への取締は京都の方が厳しかったはずです。第三説は、善光寺の勧進聖としての後継者が育ったから、使命を終えて帰洛されたのではないかという説もあります。確かに、聖人は善光寺系の勧進聖と深い関わりがあった

関東での親鸞聖人一行（『御絵伝』）

といえましょう。しかしそれは彼らに法然聖人の専修念仏を教授する講師として招かれていたということであって、善光寺聖の組織の中心人物であったといえるかどうかはわかりません。第四説は、念仏聖であった聖人には、定住より遊行を好まれる性格があったからであろうという人もあります。第五説は、関東で、多くの門弟たちに法門伝授を行う「大師」と崇められることを煩わしく感じられたからではないかとか、あるいは、六十歳を超えて、望郷の念に駆られて帰洛されたのではないかという説もあります。

いずれにせよ帰洛の動機はよくわからないというのが事実です。しかし帰洛後の旺盛な著作活動から見て、『教行証文類』の完成をはじめとする著作に専念するためであったと推定して間違いないでしょう。まず六十歳代から七十歳代のなかごろまでは、後に詳しく述べるように『教行証文類』の完成に全力をかたむけられたことがわかります。それと並行して随時造られていた多くの「和讃」を、七十六歳のときに『浄土和讃』と『高僧和讃』としてまとめ、七十八歳のときには、『唯信鈔文意』を撰述されています。八十歳代に入ると、『浄土文類聚鈔』一巻、『入出二門偈』一巻、『愚禿鈔』二巻といった漢文の聖教を著し、さらに『三経往生文類』、『一念多念文意』、『尊号真像銘文』略本と広本といった和語の聖教を撰述されています。さらに八十三歳のときには七十五首の『皇太子聖徳奉讃』、八十五歳以後に完成する『正像末和讃』、百十四首の『聖徳太子奉讃』など、驚異的ともいえる膨大な著作が晩年に集中しています。とくに八十四歳の十月から、八十五歳の一月にかけて、編纂し、書写された法然聖人の法語、消息、伝記の集成である『西方指南抄』六巻は、門弟に書写させられた『三部経大意』とともに法然教学理解の貴重な指針でした。
このように聖人が晩年、京都で静かに繰り広げられた深遠な思索と著作、それに法然関係の資料収集の業績こそ、聖人帰洛の目的が何であったかを雄弁に物語っていると思います。

家族同伴の帰洛だったのか

なお聖人が帰洛されたとき、妻子を同伴されたかどうかが古来問題となっています。単身帰洛説を唱える人と、家族同伴で帰洛されたと主張する人と二説に分かれています。

単身帰洛説を唱える人は、恵信尼公とお子たちは、聖人と別れて、恵信尼公の故郷であり、恵信尼公の領地があった越後へ還ったと考えます。後に成長した四人の子女に、その土地を与えてそれぞれに生計を立てていたからです。末娘の王御前（覚信尼）は、後に縁あって京都で日野広綱（聖人の従兄弟の子）と結婚しますが、それは成長してからのことです。どの『親鸞伝絵』を見ても、帰洛の道中に侍者らしきものは描かれているが、妻子は描かれていないのは単身帰洛されたからであるというのです。

それに対して家族同伴の帰洛説の根拠の一つとして、『恵信尼消息』第二通に、親鸞聖人御往生の報に接し、聖人の信心や行状について詳しく末娘の王御前（覚信尼）に書き送った恵信尼公が、「またあの御影の一幅、ほしく思ひまゐらせ候ふなり」といわれていることが挙げられます。おそらく「鏡の御影」の写しを指していたかと思いますが、「あの御影」といっただけで通じるということは、それが描かれたころ（聖人七十歳ころ）は、まだ京都で一緒に住んでおられたからだと思われます。もしそれが後に「安城の御影」と呼ばれるものであるならば、建長七年（聖人八十三歳）まで京都におられたことになります。また同じく『恵信尼消息』第八通には、王御前の長男（覚恵）のことを「上の公達の御ことも、よにうけたまはりたくおぼえ候ふ。あはれ、この世にていま一度みまゐらせ、またみえまゐらすること候ふべき」といっているのは、京都で王御前や覚恵たちと一緒に暮らした時期があった証拠です。

よって聖人が帰洛されたときには、恵信尼公をはじめ家族全員が京都へ移住されたと考えるのが妥当でしょう。ただし同時に帰洛されたかどうかはわかりません。おそらく前後があったのではないでしょうか。『親鸞伝絵』巻下に、帰洛のはじめは「扶風・馮翊ところどころに移住したまひき」といわれているように、京都の右京（扶風）左京（馮翊）を転々としておられましたが、やがて五条西洞院に住居を定められ、関東から門弟たちがしばしば尋ねてくるようになったといわれています。おそらくそのころになって、妻子を呼び寄せられたのではないかと思います。

関東教団の乱れ

邪説の横行

親鸞聖人の晩年に、一つの悲しい事件が起こります。それは、慈信房善鸞義絶事件でした。慈信房というのは、聖人の御子息の一人でしたが、建長八年（一二五六）五月二十八日付けの御消息（義絶状）によれば、この日慈信房と親子の縁を切ることを、本人並びに、門弟一同に対して宣告されたことがわかります。義絶状は、慈信房宛ての外に、同日付で横曾根門徒のリーダーであった性信房に宛てられたものが現存しています。性信房は慈信房によって大きな被害を受けた人物だったからでもありましたが、それだけではなく同時にこれは門弟全体に対する公開義絶状でもあったのです。だからお手紙の最後には、

この文をかくさるべきことならねば、よくよく人々にみせまうしたまふべし。

と記されていました。

覚如上人の次男の従覚上人が、父上人御往生の歳の終わりに、その伝記『慕帰絵詞』を著します。そのなかに、二十一歳の覚如上人が、父の覚恵上人（親鸞聖人の孫）とともに、関東の親鸞聖人の御

旧跡を巡拝されたとき、相模の余綾で恩師の如信上人に遇われます。そこで、慈信房にも会われた話を伝えています。一説では、その場所は、常陸の小柿であったともいわれています。如信上人は、慈信房の長男であり、親鸞聖人の直系の孫でもあり、親鸞聖人から直接浄土真宗の法義を伝承し、それを覚如上人に伝えたので本願寺の第二祖と崇められています。しかし覚如上人親子が訪ねたとき、如信上人は父の慈信房と同居しておられたようです。たまたまそのとき覚如上人は医者からも見放されるほどの大病を患われました。それを見て慈信房は、呪符を取り出し、「これは霊験あらたかな符ですから、お飲みなさい」とさし出しました。しかしそれは親鸞聖人が厳しく誡められた現世祈禱であるとして断ったけれども、再三勧められるので、飲むふりをして、手のなかへ隠しました。それを見とがめて、大変ご機嫌を損じたと伝えています。

ところで慈信房がなぜ関東に行ったのか理由も時期もはっきりしませんが、『慕帰絵』巻四には、

かの慈信房おほよそは聖人の使節として坂東へ差向たてまつられけるに、真俗につけて門流の義にちがひてこそ振舞はれ……。

といわれています。また覚如上人の高弟である乗専房の『最須敬重絵詞』巻五によれば、

初は、聖人の御使として坂東へ下向し、浄土の教法をひろめて、辺鄙の知識にそなはり給ひけるが、後には法文の義理をあらため、あまさへ巫女の輩に交て、外道尼乾子の様にておはしければ……。

といわれています。いずれも、最初は親鸞聖人に命じられて、関東の門弟たちや、在家の信者を正

しい法義に導くために派遣されたと考えられます。

慈信房が関東へ下った時期は、建長四、五年ころ、聖人の八十歳ころではないかと思います。そのころ、関東の門弟教団のなかに、造悪無碍と呼ばれるような邪説が横行して人々を惑わし、世間の顰蹙を買うものが発生したことが引き金になったようです。建長四年二月二十四日、八十歳になられた親鸞聖人は、常陸の奥郡から上京してきた明教房に四通の「御消息」を托されました。宛名は記されていませんが、内容から見て常陸の各地の門徒集団の代表者に宛てられたものと考えられます。それぞれ少しずつ文章は変わりますが、ほぼ共通しているのは次のようなことです。

「上京してきた明教房の現状報告によって、常陸を中心にした各地のご法義の状況を聞かせてもらいました。まず、元は私を暗殺しようとまで企てた、明法房（弁円）が、さまざまな誘惑を克服し、最後まで念仏の信心が変わることなく、見事な往生を遂げられたとのこと誠に有り難いことです。しかしそのような素晴らしい先達に導かれながら、

稲田草庵で人々を教化される親鸞聖人（『御絵伝』）

常陸の念仏者の一部には、信見房のような、浄土の教えを正式に学んだこともない者の誤った教えに惑わされて、『造悪無礙の邪見』に陥っている者のいることも聞きました。私ども凡夫は、どうせ死ぬまで悪をつくり続けるしか生きようがないのだから、心にまかせて、好きなように生きればよいといい、念仏者が倫理的な行動を勧めると、あれは自力疑心の行者であると、非難するそうですが、誠に哀れな人々であり、悲しいことです」。

特に造悪無礙の邪見に対しては、

> 煩悩具足の身なればとて、こころにまかせて、身にもすまじきことをもゆるし、口にもいふまじきことをもゆるし、こころにもおもふまじきことをもゆるして、いかにもこころのままにてあるべしと申しあうて候ふらんこそ、かへすがへす不便におぼえ候へ。酔ひもさめぬさきになほ酒をすすめ、毒も消えやらぬに、いよいよ毒をすすめんがごとし。薬あり、毒を好めと候ふらんことは、あるべくも候はずとぞおぼえ候ふ。

と厳しく誡められています。このような「どれほど悪を造っても構わない」というような、反倫理的、反社会的な言動が、社会の反発を受けていたようです。

戒律復興運動と念仏聖集団の危機

そればかりか、このころ、常陸の念仏聖の集団に一種の危機感が生じていた可能性があります。

それは建長四年九月から十月にかけて、後に忍性菩薩と讃えられる良観上人忍性（一二一七～一三〇三）が、鎌倉幕府の許可を得て、常陸の国府（石岡市）の西、三村山の麓に三村寺（つくば市小田）という律院を建て真言律を中心とした戒律の復興運動を起こしはじめたからです。忍性を招待し外護したのは三村郷を本拠地としていた豪族小田時知であったといわれています。その地は上掲の『御消息』第二通に出てくる「南の荘」に隣接していました。律院が建立されるのは建長四年十月ですが、それまでに相当の時間を費やして立地条件や、地元の後援者、小田時知をはじめとする外護者たちとの交渉が行われていたに違いありません。そうした動きを地元の親鸞聖人の弟子である「念仏聖」たちが知らないはずはありませんし、忍性の戒律復興運動が、破戒、無戒を標榜する念仏聖たちの集団に及ぼす影響について、心配をしたはずです。なお忍性が三村寺を中心に活躍するのは弘長三年までの十年間で、その後は鎌倉の極楽寺を中心に各地で戒律の復興と、医療並びに社会福祉活動を行ったことはよく知られています。

この忍性の戒律復興運動と、常陸の念仏聖との関係についての具体的な事柄は、これからの研究を待たねばなりません。しかし師の興正菩薩叡尊とともに戒律の復興と社会福祉事業を通して、既成の仏教を改革しようとして立ち上がり、三十六歳の若さで常陸へ進出して、現地の有力者と結んで、仏教の復興運動をはじめた忍性菩薩の影響は、決して小さくはなかったと思います。

慈信房善鸞義絶

善鸞の焦り

先に慈信房善鸞は、建長四年（親鸞聖人八十歳）ごろ、造悪無礙と呼ばれる、反倫理的、反社会的な行動をとる念仏者の現状報告と、その指導のために親鸞聖人のお使いとして、常陸方面へ遣わされたようであるといいましたが、詳しい事情はわかりません。また慈信房の生没年次も確定していませんので、そのときの年齢も定かではありませんが、五十歳前後だったでしょうから、聖人も慈信房を信頼して派遣されたのでしょう。しかし、聖人の弟子たちといっても、各地の道場主たちは、したたかな善光寺聖たちや、誇り高き地頭、名主クラスの土着の豪族出身の念仏聖たちですから、彼らを心服させる力量はなかったと思います。「義絶状」や、『親鸞聖人御消息』に見受けられる慈信房の姿勢は、親鸞聖人の子息であるというだけで、上からの視線で彼らを見、ものをいっていたようで、おそらく反発されたり、まともには相手にして貰えなかったのではないでしょうか。

そういう行き詰まりと焦りにつけ込んで、哀愍房のような詐欺師まがいの念仏聖が、慈信房を牛耳ってしまったようです。

慈信房宛ての「義絶状」には、

仰せられたること、くはしくききて候ふ。なによりは、哀愍房とかやと申すなる人の、京より文（ふみ）を得たるとかやと申され候ふなる、かへすがへす不思議に候ふ。いまだかたちをもみず、文一度もたまはり候はず、これよりも申すこともなきに、京より文を得たると申すなる、あさましきことなり。

といわれています。これは慈信房が、「壬生（みぶ）の女房」（伝未詳）に宛てた自筆書簡に記されていたことで、その書簡は彼女が聖人に届けたものでした。書簡は現存していませんが、これこそ、聖人が事件の全貌を、慈信房の自筆の手紙で知られたことを示す決定的な証拠の一つになったものです。

性信房（しょうしんぼう）宛ての「公開義絶状」のなかには、性信房から届けられた資料によって、哀愍房の策（さく）謀（ぼう）の具体的な内容を知ったことを述べて、

親鸞聖人が滞在されたという無量寿寺（茨城県鉾田市）

また哀愍房とかやの、いまだみもせず候ふ。また文一度もまゐらせたることもなし。くにより も文たびたることもなし。親鸞が文を得たると申し候ふなるは、おそろしきことなり。この『唯信鈔』かきたるやう、あさましう候へば、火にやき候ふべし。かへすがへすこころうく候ふ。この文を人々にもみせさせたまふべし。

といわれています。聖人と会ったこともなく、また手紙の遣り取りをしたこともない、全く未知の人である哀愍房が、「私は聖人からお手紙ばかりか、『唯信鈔』まで頂戴しているほど信頼されている」と宣伝していた様子が窺われます。性信房は彼が親鸞聖人からいただいたという『唯信鈔』を手に入れ、聖人に、現物を送り、その真偽のほどを判定していただいたようです。聖人はそれを性信房の元へ送り返し、「この『唯信鈔』かきたるやう、あさましう候へば、火にやき候ふべし」といわれています。あるいはその『唯信鈔』は、親鸞聖人の筆跡を真似た偽作であったのかもしれません。

おそらくその哀愍房の入れ知恵によって、慈信房は自らに抵抗する関東の門弟たちを、造悪無碍の異義者であり、神祇を侮り捨てる反社会的な言動を行っている者として提訴します。そこには信願房、入信房、真浄房、法信房などが挙げられており、さらに真仏房、性信房など門弟集団の中心人物の名を挙げて聖人に「詐りの報告」をし、聖人も信じがたい思いを表明されています。そればかりか最終的には、彼らを鎌倉幕府へ、社会を乱す不逞の輩として訴え出たようです。

念仏者が念仏者を追放

さらにまた、慈信房の、不可解な教化によって、大部(おおぶ)の中太郎(ちゅうたろう)の道場に所属していた九十人以上の門徒が、中太郎を捨てて、慈信房の門徒になったと聞かれて、聖人は、

慈信坊のくだりて、わがききたる法文こそまことにてはあれ、日ごろの念仏は、みないたづらごとなりと候へばとて、おほぶの中太郎の方のひとは九十なん人とかや、みな慈信坊の方へとて中太郎入道をすてたるとかやきき候ふ。いかなるやうにてさやうには候ふぞ。

と、詰問(きつもん)されています。遠く離れていてはその実体もわからないまま、聖人が深く悩まれているご様子が明らかに見受けられます。しかし慈信房は、「私が親鸞から聞いていることこそ真の成仏道(じょうぶつどう)であって、中太郎だけではなく、関東の弟子たちが親鸞から聞かされているのは、〝しぼめる花〟のようなくだらない法義である」とまでいっていたのでした。さすがの聖人も、慈信房の言動の実体を見極められないまま、混乱が深まっていったようです。

そのうちに慈信房は、彼らを聖人のご指示であると偽って、守護(しゅご)や地頭(じとう)にその取締を要請します。訴えられた被害者、真浄房宛ての『御消息』のなかに、

慈信坊が申し候ふことをたのみおぼしめして、これよりは余の人を強縁(ごうえん)として念仏ひろめよと申すこと、ゆめゆめ申したること候はず。きはまれるひがことにて候ふ。この世のならひにて念仏をさまたげんことは、かねて仏の説きおかせたまひて候へば、おどろきおぼしめすべから

ず。やうやうに慈信坊が申すことを、これより申し候ふと御こころえ候ふ、ゆめゆめあるべからず候ふ。法門のやうも、あらぬさまに申しなして候ふなり。御耳にききいれらるべからず候ふ。きはまれるひがことどものきこえ候ふ。あさましく候ふ。

といわれているのがそれです。「親鸞は、今後は、念仏者以外の土地の有力者、とくに守護、地頭、領主、名主などの強力な縁を借りて念仏を弘めよと指示されたから、念仏の伝道の邪魔になる造悪無礙の輩はこれら支配者たちの援助を借りて駆逐（くちく）する」といって、造悪無礙と決めつけた聖人の弟子の有力者を訴えたのでした。真浄房も訴えられて、その地を追放になりかけていたのでした。こともあろうに仏教者が、仏教者を権力者の力を借りて抑圧するという承元（じょうげん）の法難や、嘉禄（かろく）の法難と同じ論法で、念仏者が念仏者を追放しようとしたのでした。

そのために入信房は、鎌倉に招喚（しょうかん）され被告として長期拘束されることになり、最終的には、横曽根（よこぞね）の性信房が、代表として出頭し、本願の念仏は、訴えられるような反倫理的な造悪無礙の教えでもなく、神祇否定というような反社会的な教えでもなく、むしろ「世の中安穏（あんのん）なれ、仏法弘（ひろ）まれ」と念願している和（なご）やかな宗教集団であることを主張して、全面的に念仏の伝道が承認されたわけです。建長八年六月のことだったと考えられます。

愚者になりて往生す

最後の手紙

遺言状は別にして、日付の確認できる親鸞聖人の最後のお手紙は、文応元年（一二六〇）十一月十三日付け、常陸の乗信房宛ての書簡です。八十八歳の冬でした。

なによりも、去年・今年、老少男女おほくのひとびとの、死にあひて候ふらんことこそ、あはれに候へ。ただし生死無常のことわり、くはしく如来の説きおかせおはしまして候ふうへは、おどろきおぼしめすべからず候ふ。

という、ただならぬお言葉ではじまっています。

「去年」というのは、正元元年ですから、わずか一年で元号が変わっています。この文応もわずか一年足らずで、翌二年二月には弘長元年に改元されています。これは天変地異が頻繁に起こったからです。実は前々年の正嘉二年（一二五八）、関東には大地震が起こり、鎌倉を中心に関東一円は地震と大津波のために壊滅的な被害を受けました。そして翌年の正元元年から文応元年にかけて全国的な大飢饉と疫病の流行で、無数の餓死者を出したことが、『吾妻鏡』や、『立正安国論』などで知ることができます。そんななかで、常陸の奥(おう)郡(ぐん)に道場を構えていた乗信房の門徒にも、震災で罹災(りさい)したり、疫病や飢饉で死ぬ者が多く出たようです。門徒たちの惨事を目の当たりにして、乗信房は堪(たま)らなくなり、京都の聖人にその状況を訴えずにおれなかったのでしょう。これはそれに対する返信なのです。

はじめに、「多くの方々が亡くなられたことは誠に哀れなことです。しかし、命あるものが、何時(いつ)どのような縁に触れて臨終を迎えるか知れないという《生死無常の道理》は、既に如来が、詳しくお説きになっていることです。心を取り乱してはなりません」とズバリと言い切られています。

「死なないものが死んだのではない。死すべきものが死んだのだから、驚くべきことではない」というのです。本当に驚くべきことは、いつ死んでも不思議でない自分が、いま生きているという事実です。その「いのち」の不思議に気づくな

親鸞聖人が晩年をすごされた善法坊跡（現京都市立京都御池中学校周辺）

らば、はたして自分は与えられたこの「いのち」に対する責任を果たしているかと、自らに聞き質さねばなりません。そして生きることの意味と、「いのち」の行方をしっかと聞き定めるならば、その惨憺たる現実が、尊いことを知らせてくれる機縁に転換するでしょう。

また餓死する人のなかには、幻影に惑わされ、見苦しい臨終を迎える人もいたはずです。そんな臨終の悪相を見て、「念仏など称えていたからだ」といいふらす不心得ものもいたに違いありません。今は省略しますが、病気のために、苦しみの中で死んだ人を、悪道に落ちた証拠として非難する人々を批判された親鸞聖人のお手紙もあります。自分の手の届かない臨終の有り様を取り上げて死者を非難するとは卑劣としかいいようがありません。

ここで聖人はご自身の臨終・平生を超えた信心の領解を述べ、自他の臨終についての心得を示されています。

まず善信（親鸞）が身には、臨終の善悪をば申さず、信心決定のひとは、疑なければ正定聚に住することにて候ふなり。さればこそ愚痴無智の人も、をはりもめでたく候へ。

「この善信（親鸞）は、自分の臨終が善かろうとも、悪かろうとも、一切問題にしていません。臨終の迎え方は、その人その人の業縁にまかせる以外に手の施しようのないことだからです。それをお見通しの如来は、平生も臨終も総て『我にまかせよ（南無）、必ず往生させる（阿弥陀仏）』と仰せくださっているのです。ですから仰せのとおりに受け容れて、『必ず往生させていただける』と、本願力におまかせしたとき、即座に如来の救いの御手に抱かれて、必ず往生し、さとりを実現することに決定します。それを正定聚（正しく往生し、成仏することに定まった位）に就き定まるというのです。それゆえ、死ぬときには死ねるように死ねばいいので、臨終の善し悪しなど往生には関係ありません。阿弥陀さまにおまかせして念仏している人は、どんな愚かな人であれ、臨終は浄土の開けるご縁として受け容れ、安心して往生していきます」といわれるのです。

もともと宗教的な目覚めは、知識や教養の有無とは全く関係がありません。救いは万人に平等に恵み与えられているからです。むしろ人間の知識が、聞こえてくる如来の救いの喚びかけをその分別心によって遮断して、狭苦しい人間のはからいの領域に封じ込めて受け容れられなくしているのです。それゆえ、「かまへて学生沙汰せさせたまひ候はで、往生をとげさせたまひ候ふべし」と乗信房に仰せられるのでした。生半可な知識を振り回して、自分も人も惑わすようなことは決してなさらないように、ただ如来のおはからいにまかせて、自他共に往生するよう心がけなさいと諭されているのです。

浄土真宗の真髄とは

そして最後に、法然聖人の法語を挙げて浄土（真）宗の真髄を示されます。

故法然聖人は、「浄土宗の人は愚者になりて往生す」と候ひしことを、たしかにうけたまはり候ひしうへに、ものもおぼえぬあさましきひとびとのまゐりたるを御覧じては、「往生必定すべし」とて、笑ませたまひしをみまゐらせ候ひき。文沙汰して、さかさかしきひとのまゐりたるをば、「往生はいかがあらんずらん」と、たしかにうけたまはりき。いまにいたるまでおもひあはせられ候ふなり。

という、ご自身が確かに見聞された法然聖人の言動をもって証明されています。

「文字の読み書きもできない在家の人々が、法然聖人から、「阿弥陀さまは、ただ念仏を申せば、浄土に迎えてくださる」と聞いて、素直に受け容れ、慶んで念仏しながら帰る姿を、「必ず往生を遂げるに違いない」とほほ笑みながら見送られたのを見ました。しかしまた学僧ぶった僧侶が、知っている限りの知識を並べ立てて、念仏も称えずに帰って行く後ろ姿をご覧になって、「あれではとても往生はできないだろう」と心配そうにつぶやかれたのを確かに聴きました。あれから五十年以上も経ちますが、仰ったとおり、思い当たることばかりです」としみじみと御述懐されています。

まことに九十年にわたる俗聖としての聖人の生涯は、「愚者になりて往生す」る道場であったといえましょう。

親鸞聖人の御入滅

遺言状

六十二歳ころに関東から帰京された親鸞聖人は、五条西洞院のあたりに定住し、主著の『教行証文類』を完成させ、『三帖和讃』をはじめ、『愚禿鈔』二巻、『唯信鈔文意』一巻、『入出二門偈』など多くの著書を書き上げられました。そして関東から教えを求めて訪ねてきた聞法者には入門を許して教化し、みのり豊かな老後を送っていかれたのでした。

しかし八十三歳（建長七年）の暮れ、十二月十日の夜に火災にあって、焼け出されたようです。その事は、ちょうどそのときに上京してきた高田門徒のひとり円仏房に託された真仏房宛ての『御消息』で知ることができます。

そこには

この十日の夜、せうまう（焼亡）にあうて候ふ。（中略）（円仏は）さだめてこのやう（様子）は申され候はんずらん、よくよくきかせたまふべく候ふ。なにごともなにごともいそがし（忙し）さに、くはしう申さず候ふ。

とあり、火災の後の慌ただしさを窺うことができます。

その後、聖人はご自身の住まいは持たず、弟の尋有僧都の里坊である三条富小路（柳馬場通り御池上ル、京都市立京都御池中学校付近）の「善法坊」に身を寄せていかれました。そして老骨にむち打つように『尊号真像銘文』二巻、『一念多念文意』一巻、『正像末和讃』などを著し、さらに多くの『御消息』を送って、関東の門弟たちを指導していかれたのでした。

しかし頑健な聖人にも老衰の影が忍び寄ってきました。

弘長二年の冬が深まるにつれ、老衰も進み、とてもこの冬は越せそうには思えなくなってきました。そこで看病していた末娘の覚信尼（王御前）と長男の即証（生）房印信や、門弟の蓮位房たちが相談して、越後在住の恵信尼公と、その地にお住まいのお子たちをはじめ、関東、東海の各地に散在する門弟たちに連絡しました。急を聞いて、越後からは御子息の益方入道道生、関東、東海からは顕智房、専信房たちが駆けつけて参りました。

弘長二年十一月、聖人は病床で、関東の同行に宛てて何通かの遺言状をしたためられました。そのうち、「今御前の母」と「常陸の門徒中」に与えた十一月十一日、十二日付けの書状が聖人の直筆で現存しています。筆跡も乱れ、病状の悪化を物語っております。

常陸の人々の御中へ、この文をみせさせたまへ。すこしもかはらず候ふ。この文にすぐべからず候へば、この文をくにの人々、おなじこころに候はんずらん。あなかしこ、あなかしこ。

十一月十一日　（花押）

いまごぜんのははに

このいまごぜんのははの、たのむかたもなく、そらう（所領）をもちて候はばこそ、譲りもし候はめ。せんしに（善信死に）候ひなば、くにの人々いとほしうせさせたまふべく候ふ。この文を書く常陸の人々をたのみまゐらせて候へば、申しおきてあはれみあはせたまふべく候ふ。

この文をごらんあるべく候ふ。

このそくしやうばう（即証房）も、すぐべきやうもなきもの（生活の手段を持たないもの）にて候へば、申しおくべきやうも候はず（かれに今御前の母の扶養を依頼することも出来ません）。身のかなはず（私にもそれだけの財力もありませんので）、わびしう候ふことは、ただこのこと、おなじことにて候ふ。ときにこのそくしやうばうにも、申しおかず候ふ（即証房にも今御前の母の扶養費は与えていません）。常陸の人々ばかりぞ、このものどもをも、御あはれみ、あはれ候ふべからん。いとほしう、人々あはれみおぼしめすべし。この文にて、人々おなじ御こころに候ふべし。あなかしこ、あなかしこ。

十一月十二日　　　ぜんしん（花押）

常陸の人々の御中へ

「今御前の母」とは、どのような人物であるか、『日野一流系図』（『本願寺系図』）には記述がありませんから、不明とされてきました。しかし本願寺史料研究所の岡村喜史氏が、『高田学報』（第九十九輯）に発表された、奈良県大和高田市の名称寺に伝わる「日野氏系図」によると、親鸞聖人の長男範意（即証房印信）の妻が「今御前の母」であり、その間に生まれた娘が「今御前」と呼ばれ、その子に源伊と光昌がいたことがわかります。

ちなみにこの系図に依れば、親鸞聖人と恵信尼公との間には、範意（即証房印信）、小黒の女房（真）、慈信房（善鸞）、信蓮房（明信）、高野の禅尼（朝）、益方入道道性（有房）、覚信尼（王御前）の男女七名の子があり、母は、何れも藤原親雅の娘、恵信禅尼（玉日）であったといわれています。その恵信尼公は、もとは関白藤原兼実の息女宜秋門院に仕えていた女房（筑前）であったといい、その本名は「玉日」と呼ばれていたようです。なお『口伝鈔』第十一条には、恵信尼公を「男女六人

親鸞聖人のご臨終（西本願寺蔵『善信上人絵』）

の公達（きんだち）の御母儀」といわれていますが、おそらくこれは義絶された慈信房を省いた人数でしょう。

これより先、子供や孫たちに相続させる遺産を持たなかった聖人は、滅後の家族の生活についてさまざまに配慮されたようです。例えば、小黒の女房、信蓮房（明信）、高野の禅尼、道性（益方入道）には、おそらく恵信尼公がその親族から贈られていたと思われる越後の資産を分け与え、恵信尼公はその土地の管理と孫たちの面倒を見るために晩年には越後へ移住されたようです。なお京都で聖人の生活の面倒を見ていた末娘の王御前（覚信尼）は、久我（太政大臣）家に女房（上級女官）として仕えていましたから越後の土地を与えることができません。そこで恵信尼公は、自分の死後は、いま自分が召し使っている男女七、八人を譲り渡すという証文（権利証）を与えられていました。こうして今は聖人の膝元の京都で暮らしている長男の即証房（範意）と、その妻子は関東へ送り、常陸の門弟たちに生活の面倒を見て貰うよう手配されたわけです。即証房はこの遺言状に、「このそくしやうばうも、すぐべきやうもなきものにて候へば、」といわれているように、僧侶ではありましたが、一院、一寺をあずかる身分ではなく、一介の俗聖（ぞくひじり）だったようです。

なお覚信尼（王御前）は、聖人の滅後、小野宮禅念（ぜんねん）（右兵衛督）と再婚し、やがてその宅地に親鸞聖人の遺骨を安置する廟堂（びょうどう）を建て、それが大谷本願寺となっていくのでした。即証房一家は、この御遺言に従って、今御前の母（覚善尼）を伴って常陸に赴き、鹿島（かしま）門徒の庇護を受けて安穏に暮らしました。

こうして、後に残る親族たちの生活の目途をつけたうえで、聖人は、静かに臨終を迎えていかれ

ます。その模様を覚如上人は、『御伝鈔』に、

聖人（親鸞）弘長二歳［壬戌］仲冬下旬の候より、いささか不例の気まします。それよりこのかた、口に世事をまじへず、ただ仏恩のふかきことをのぶ。声に余言をあらはさず、もっぱら称名たゆることなし。しかうしておなじき第八日［午時］頭北面西右脇に臥したまひて、つひに念仏の息たえをはりぬ。ときに頽齢九旬にみちたまふ。禅房は長安馮翊の辺［押小路の南、万里小路より東］なれば、はるかに河東の路を歴て、洛陽東山の西の麓、鳥部野の南の辺、延仁寺に葬したてまつる。遺骨を拾ひて、おなじき山の麓、鳥部野の北の辺、大谷にこれををさめをはりぬ。しかるに終焉にあふ門弟、勧化をうけし老若、おのおの在世のいにしへをおもひ、滅後のいまを悲しみて、恋慕涕泣せずといふことなし。

と記されています。

平凡で静かなご臨終

弘長二年十一月も下旬になると、聖人のご容体は次第に悪化してきました。お口には絶えず小声で念仏を称え、世俗のことはもはや一言も仰せられず、時々看病の人に、法縁を喜ぶお言葉をお漏らしになるだけでした。

そして十一月二十八日の午剋（正午ころ）、頭北面西右脇（頭を北にし、顔が西方を向くように右脇を下に横臥する）という、釈尊や法然聖人のご臨終と同じ姿勢で、静かに息を引き取っていかれました。

それは何の奇瑞もない、平凡な静かなご臨終であったようです。

なお聖人のご臨終は、『御伝鈔』では「午刻」となっていますが、『存覚袖日記』に引用されている「安城の御影」の記録や、本願寺蔵『教行信証』の識語には「未刻」（午後二時ころ）とあり、これが正しいようです。なお弘長二年十一月二十八日は、グレゴリオ暦に換算しますと西暦一二六三年一月十六日になります。

親鸞聖人関係略系図

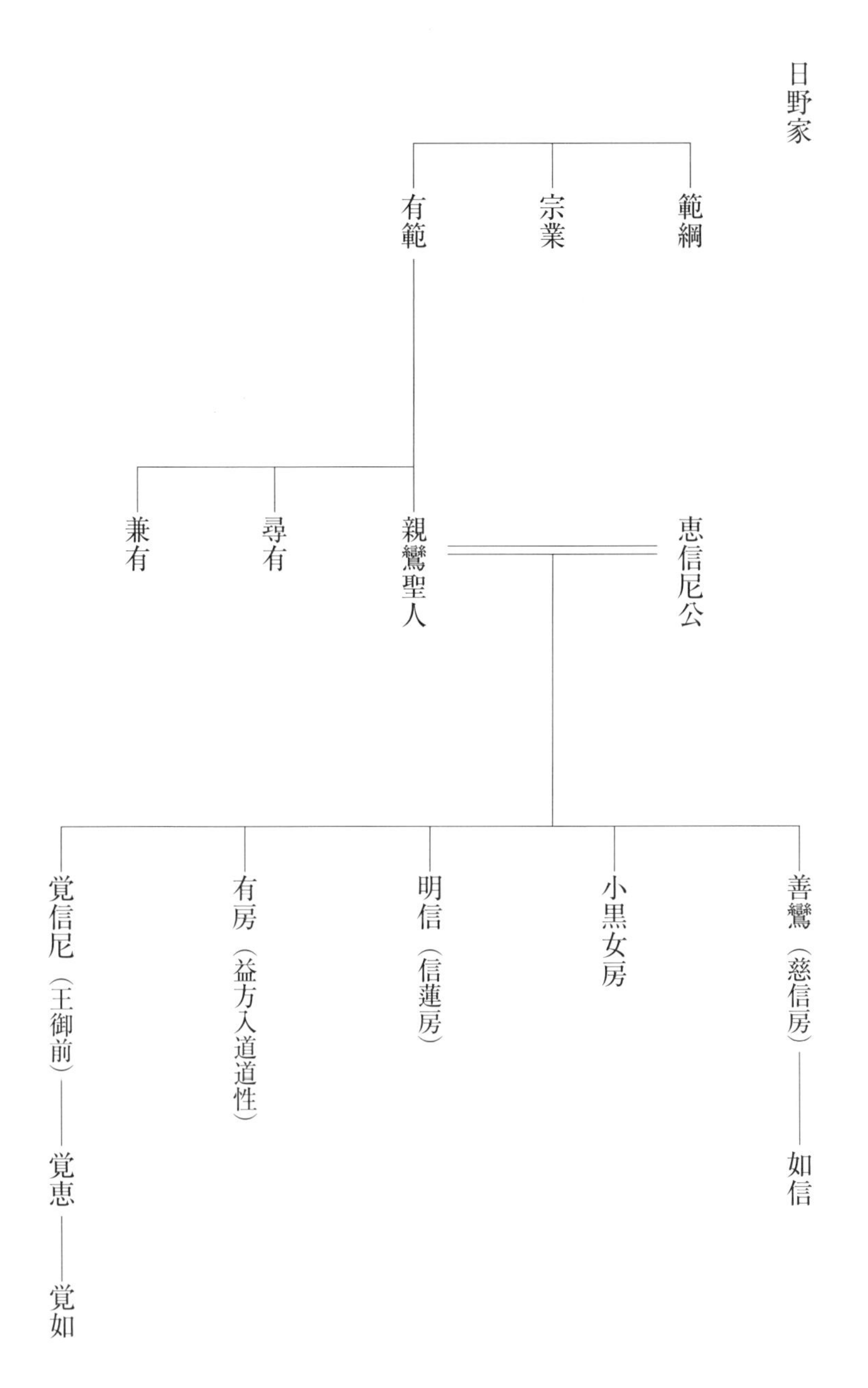
日野家
範綱
宗業
有範
親鸞聖人
尋有
兼有
恵信尼公
善鸞（慈信房）
如信
小黒女房
明信（信蓮房）
有房（益方入道道性）
覚信尼（王御前）
覚恵
覚如

親鸞聖人関係略年表

1173年	承安3年	1歳	親鸞聖人、誕生（8頁〜）。
1181年	養和元年	9歳	親鸞聖人、慈円（道快）のもとで出家得度し、比叡山に登る（10頁〜）。
1201年	建仁元年	29歳	親鸞聖人、六角堂に参籠して救世観音の夢告を受け、法然聖人の弟子となる（23頁〜）。
1204年	元久元年	32歳	親鸞聖人、七箇条制誡に「僧綽空」と署名（64頁〜）。
1205年	元久2年	33歳	親鸞聖人、法然聖人から『選択本願念仏集』の書写を許され、法然聖人の影像を描く許しを受ける。法然聖人、親鸞聖人のために自影に讃銘を書く（38頁〜）。興福寺衆徒、専修念仏停止を訴える（69頁〜）。
1207年	承元元年	35歳	法然聖人、四国へ流罪となる。親鸞聖人、越後（新潟県）に流罪となる（承元の法難）（89頁〜）。
1211年	建暦元年	39歳	親鸞聖人、流罪を許される（130頁〜）。
1212年	建暦2年	40歳	法然聖人示寂（80歳）。
1214年	建保2年	42歳	親鸞聖人、越後から関東へ向かう途中、上野国（群馬県）佐貫で「浄土

西暦	和暦	年齢	出来事
			三部経」千部読誦を発願するが中止し、常陸国（茨城県）へ向かう（131頁）。
1224年	元久元年	52歳	この頃から、親鸞聖人、『教行証文類』の執筆をはじめる（160頁～）。
1235年	嘉禎元年	63歳	この頃、親鸞聖人、関東から京都へ帰る。帰洛後、しばらく五条西洞院に居住する（172頁～）。
1256年	康元元年	84歳	親鸞聖人、子の善鸞を義絶する（182頁～）。
1262年	弘長2年	90歳	親鸞聖人、善法坊にて示寂。東山鳥辺野にて荼毘に付される。翌日収骨。 覚信尼、恵信尼公に訃報を伝える（192頁～）。

親鸞聖人関係略地図

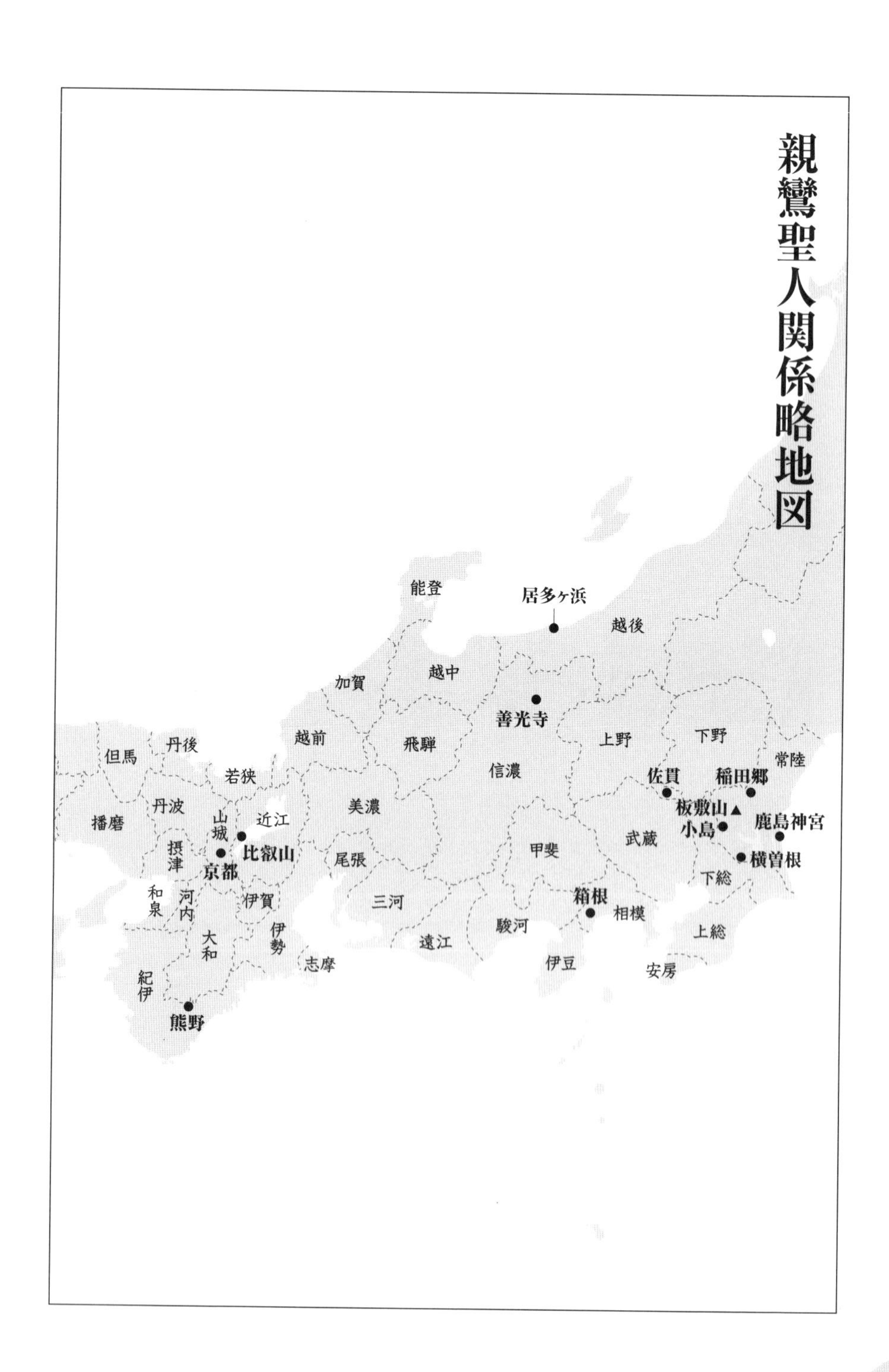

能登
居多ヶ浜
越後
越中
加賀
善光寺
越前
飛騨
上野
下野
丹後
但馬
常陸
信濃
若狭
佐貫
稲田郷
美濃
丹波
板敷山
近江
山城
播磨
鹿島神宮
小島
武蔵
摂津
比叡山
甲斐
尾張
京都
横曽根
下総
和泉
河内
伊賀
箱根
三河
相模
伊勢
駿河
大和
上総
遠江
志摩
伊豆
安房
紀伊
熊野

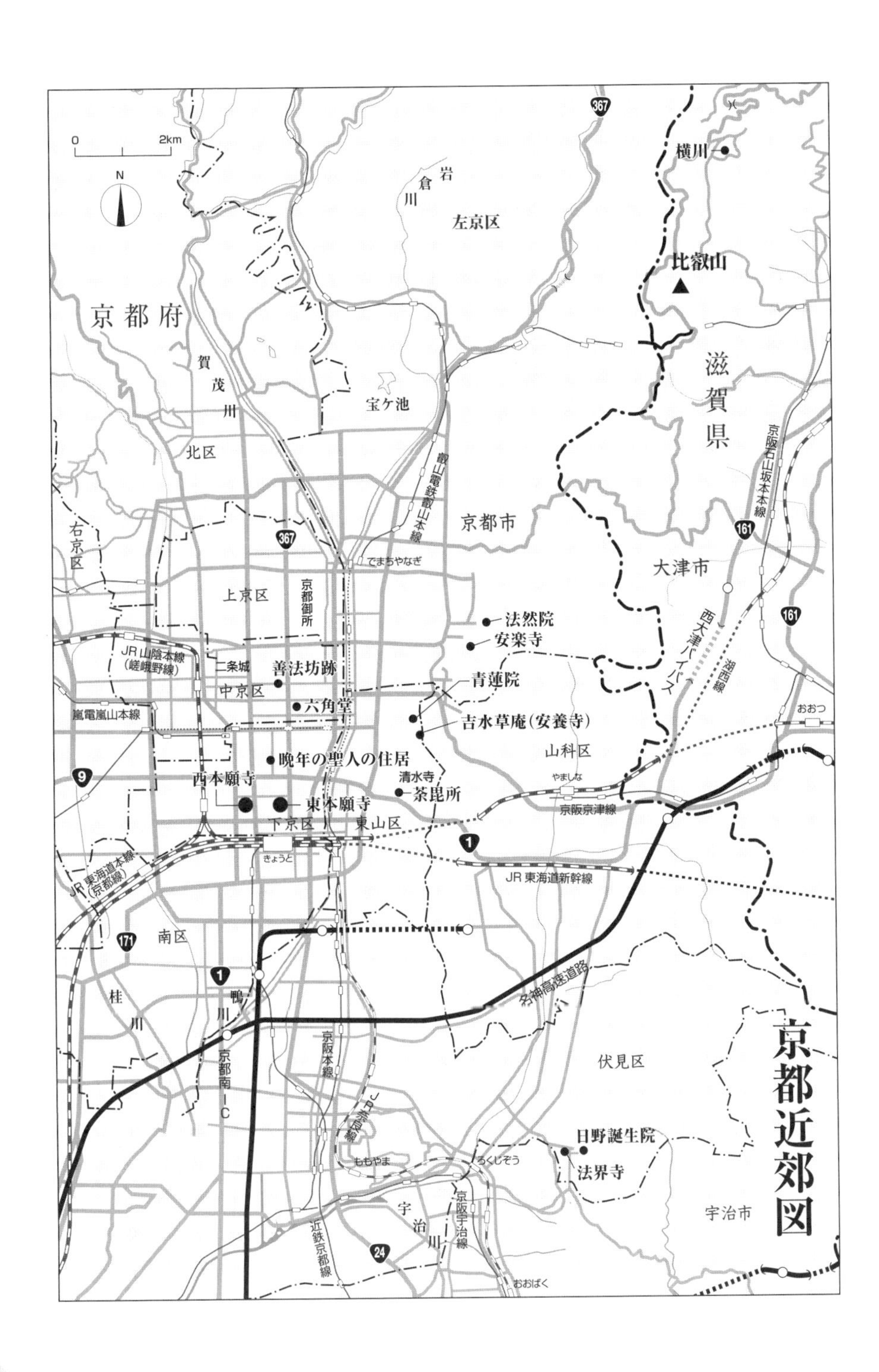
京都近郊図
0
2km
N
367
横川
岩倉川
左京区
比叡山
京都府
賀茂川
宝ケ池
滋賀県
北区
叡山電鉄叡山本線
京阪石山坂本本線
京都市
右京区
367
161
でまちやなぎ
大津市
上京区
京都御所
法然院
161
安楽寺
西大津バイパス
JR山陰本線（嵯峨野線）
二条城
善法坊跡
湖西線
青蓮院
中京区
六角堂
おおつ
嵐電嵐山本線
吉水草庵（安養寺）
晩年の聖人の住居
山科区
9
西本願寺
清水寺
やましな
茶毘所
東本願寺
京阪京津線
下京区
東山区
1
きょうと
JR東海道本線（京都線）
JR東海道新幹線
171
南区
名神高速道路
1
桂川
鴨川
京都南IC
京阪本線
伏見区
JR奈良線
日野誕生院
ももやま
ろくじぞう
法界寺
宇治川
京阪宇治線
近鉄京都線
宇治市
24
おおばく

あとがき

平成二十六年の年頭にあたり、父は「今年の計画」として次のようなことを書いています。

まず第一には、親鸞聖人の主著『顕浄土真実教行証文類』の「証文類」と「真仏土文類」、それに「化身土文類」の後半部分の講讃を完成させたいと願っています。

第二には、長年『一味』(一味出版部)に連載してきた『親鸞聖人の生涯』を、少し改めたうえで、さらに聖人の主な著作のご紹介を付加して一冊にまとめて出版したいと願っています。

第三には、これまで十数年間、各種の学術誌に掲載した論文を総点検し、『浄土教学の諸問題』の続編を出版したいと思っています。

しかし加齢によって、足はヨボヨボになり、眼は見えにくく、耳は補聴器のお世話になり、記憶力も判断力も、智力も、あらゆる能力が、ガタ落ちになっています。果たしてどれだけの成果を上げることができるか、懸念しながらパソコンのキーボードをたたいているわけです。

大阪津村別院発行『御堂さん』平成二十六年一月号年頭法話の一節です。往生を四ヶ月後に控えた人の言葉とは思えない、壮大な計画です。もちろんこの文章を書いたのはもう少し前で、前年の十一月だと思われます。その時点ではまだ「パソコンのキーボード」をたたける状態でした。しかし十二月三十日に救急車で入院してから後は、パソコンに向かうことはなくなりました。病室にノートパソコンを持ち込まなかったのは、その時が初めてです。二月には一時退院して、自坊で一箇月余りを過ごしましたが、その間書斎に入ることは一度もありませんでした。

父がパソコンを使い始めた三十年前から、書斎で画面に向かう後ろ姿を見続けてきた私は、寂しさでいっぱいでした。それでも教学のことを問えば体力の限界を超えて答えてくれましたし、世話にも精一杯つきあってくれました。

三月に再入院してからは、日々目に見えて衰えてゆきました。難しい話はしなくなりましたが、最期までにこにこと笑ってくれていました。それで十分でした。ただ年頭の計画は何一つ手つかずのまま、五月七日をむかえました。

それから二年、父の最後の計画は、行信教校の御同行の皆様が引き継ぎ、その実現のために心血を注いでくださっていたのです。今年三月には第三の目標が完成し、論文集『親鸞教学の特色と展開』が法藏館から刊行されました。そして今般、本書によって第二の目標が達成されました。

『一味』誌の「親鸞聖人の生涯」は、平成十五年（二〇〇三）秋の号から、平成二十五年冬の号までの十年間、三十七回の連載でした。あまりに長期間にわたったために、文体が少しずつ変化しており、一冊の本として体裁を整えるのは困難な作業だったと思います。私は入稿の段階から見せていただきましたが、そこに至るまでのご苦労は大変なものであったと推察されます。なつかしい独特の言い回しで、懇切丁寧な説明をしながら、最新の研究成果にも言及しています。自分で推敲したかっただろうと思われる所も少なくありませんが、その点はご容赦ください。

出版を企図しご支援をいただいた行信教校ならびに御同行の皆様、文書データ入力にご尽力くださった足立観左雄様、出版社との交渉や校正の労をお取りくださった星野親行様、文書・写真を提供いただいた一味出版部と編集工房ウイズの小林實様、出版をお引き受けいただいた法藏館ならびに編集の域を超えてお骨折りくださった編集部の上山靖子様には心から御礼申し上げます。

御同行の皆様と共に、父を思いつつ読みたいと思います。

平成二十八年五月七日　父の三回忌に

梯　信暁

梯　實圓（かけはし　じつえん）

昭和2年（1927）生まれ。

平成26年（2014）5月7日往生。

本願寺派勧学、行信教校前校長、浄土真宗教学研究所元所長、大阪教区阿倍野組廣臺寺前住職。

親鸞聖人の生涯

二〇一六年　五月　七日　初版第一刷発行
二〇二四年一二月一五日　初版第二刷発行

著　者　梯　實圓
発行者　西村明高
発行所　株式会社　法藏館
京都市下京区正面通烏丸東入
郵便番号　六〇〇-八一五三
電話　〇七五-三四三-〇〇三〇（編集）
〇七五-三四三-五六五六（営業）

装幀者　名子デザイン事務所
印刷　立生株式会社・製本　吉田三誠堂製本所

ISBN 978-4-8318-8744-3 C0015